Brigitte
Neues Nähen

Ein Grundkurs,
der Nähen
ganz einfach macht.

Von Antje von der Heyde
und Käthe Fischer
mit Zeichnungen von
Sabine Wilharm

Ein Brigitte-Buch
im Mosaik Verlag

Die Autorinnen:

Antje von der Heyde
studierte an der Fachhochschule für Gestaltung in Hamburg Modedesign. Sie leitet seit 1981 das Brigitte-Moderessort.

Käthe Fischer
schloß ihre Schneiderlehre mit der Meisterprüfung ab und studierte dann an den Fachhochschulen in Hamburg und München Zeichnen und Schnitt-Technik. In der Brigitte-Redaktion ist sie zuständig für Schnittbogen und Nähanleitungen.

Herausgeber: Peter Brasch

Lektorat: Marita Heinz

Gestaltung:
Dietmar Meyer, Ekkhart Blunck

Fotos:
Ortwin Möller (Titel),
Andreas Kaiser (S. 128/129),
Charlotte March (S. 8/9, S. 126,
S. 136/137, S. 140/141),
Sigrid Rothe (S. 26, S. 29, S. 32,
S. 35, S. 122/123, S. 132/133),
Jean-Loup de Sauverzac
(S. 23, S. 24/25, S. 30/31, S. 36/37,
S. 38, S. 40, S. 42/43, S. 44, S. 47).

Produktion: Jürgen Schmidt,
Druckzentrale G+J

Satz + Lithografie:
TYPE + LITHO
Klaus Sakuth GmbH, Hamburg

Druck: Mohndruck,
Graphische Betriebe GmbH,
Gütersloh

1 · 0 9 8 7 6 5 4 3 2 1

Printed in Germany
ISBN 3-570-03621-9

Inhalt

Nähen macht Spaß. Wenn aus einem Kaufhausstoff schon in wenigen Stunden ein toller Rock, eine witzige Hose, auf jeden Fall etwas ganz Einmaliges entsteht, dann bedeutet das mehr als nur Geld sparen. Neues Nähen – das heißt vor allem einfach nähen und mit simpler Technik und fertigen Zutaten viel erreichen. Also vor allem ein Buch für Anfänger, die schnell Erfolg sehen möchten!
Im Modellteil dieses Buches finden Sie zeitlose Modelle, die Sie nach dem Bogen, der diesem Buch beiliegt, nähen können – in den Konfektionsgrößen Small, Medium und Large. Alle Schnitte sind so einfach, daß sie sich leicht abwandeln lassen, also immer wieder als sogenannte Grundschnitte zu verwenden sind. Bei den Modellen stehen knappe Arbeitsanleitungen, die ausführlichen Beschreibungen einzelner Arbeitsabläufe finden Sie auf den grauen

Seiten. Dort beginnt die Technik des Nähens. Diesen Teil sollten Sie einmal in aller Ruhe anschauen, bevor Sie sich überhaupt ans Nähen machen. Nach den detailgenauen Zeichnungen versteht man manches sofort, was in einer noch so genauen Beschreibung nicht überkommt.
Neben allen Techniken, die an unseren Modellen vorkommen, finden Sie hier noch viele andere brauchbare Tips.
Im letzten Teil des Buches, Nähen ohne Schnitt, ist vor allem Ihre Kreativität gefragt. Ein bißchen Probieren und Improvisieren ist hier wichtiger als Perfektion.

Gut vorbereitet ist halb genäht

Zeit, Ruhe, ein großer Tisch und alle Zutaten griffbereit: Das sind wichtige Voraussetzungen für die Vorbereitung zum Nähen. Immerhin dauern das Herauskopieren des Schnittes, das Zuschneiden und das Fertigmachen zur Anprobe fast so lange wie das Nähen selbst.

Das wichtigste: Die Nähmaschine

Falls Sie noch keine Nähmaschine besitzen und eine kaufen wollen: Entscheiden Sie sich für ein einfaches Modell, das gerade Stiche und Zickzackstiche näht. Damit können Sie fast alles nähen – sogar einfache Knopflöcher. Nur wer schon viel genäht hat, wird für eine Maschine mit allen möglichen Nutz- und Ziersticheinrichtungen Verwendung haben. Für Anfänger sind komplizierte Maschinen nur verwirrend. Eine Koffermaschine, die leicht zu handhaben ist, reicht vollkommen. Ideal sind Maschinen mit sogenanntem Freiarm (Zeichnung), wie ihn fast alle neueren Koffermaschinen haben. Sie können damit auch überall da gut arbeiten, wo's eng wird: zum Beispiel lassen sich Ärmel leicht einsetzen oder auch schnell Hosenbeine

Praktisch und leicht zu handhaben: Koffermaschine mit Freiarm.

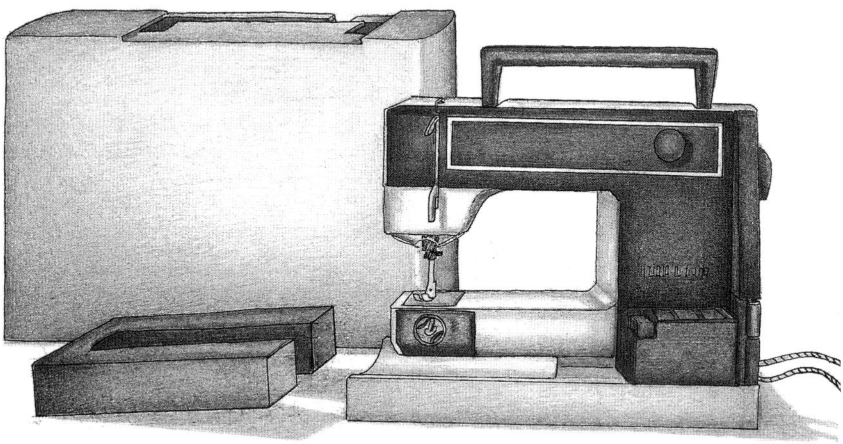

kürzen. Wer manchmal Kindersachen näht, sollte sich auf jeden Fall für eine Freiarmmaschine entscheiden. Wichtig: Die Gebrauchsanweisung für die Maschine genau durchlesen und vor allem gut aufbewahren, damit Sie darauf zurückgreifen können, falls es mal Störungen gibt. Außerdem enthält sie viele nützliche Tips. Besonders zweckmäßig sind Maschinen, bei denen der Griff an der Maschine selbst angebracht ist und nicht am Deckel. Ist der Griff am Deckel, kann Ihnen die Maschine bei unsachgemäßem Schließen des Koffers womöglich auf den Fuß fallen.

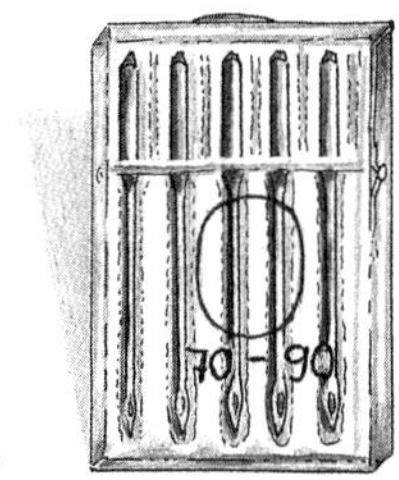

Möglichst immer im Hause haben: ein Sortiment Nähmaschinen-nadeln.

Bügeleisen, Bügelbrett, Ärmelbrett

Diese Dinge sind im allgemeinen im Haushalt vorhanden. Dampfbügeleisen sind sehr praktisch, weil man damit fast alles ohne Bügeltuch bügeln kann und besser sieht, was man tut. Das Bügelbrett sollte nicht zu breit sein (nicht mehr als 40 cm), dann läßt sich auch ein enger Rock oder ein weites Hosenbein drüberziehen. Ein Ärmelbrett brauchen Sie – wie der Name sagt – zum Ausbügeln von Ärmelnähten und auch sonst immer dann, wenn Sie enge Teile bügeln müssen.

Was Sie sonst noch brauchen

Eine gute, etwas größere Schere, eine kleine Schere zum Fadenabschneiden (am besten immer direkt bei der Nähmaschine liegenlassen), Maßband, Schneiderkreide, Kopierpapier, Kopierrädchen, Handmaß, Nadeln, Stecknadeln, Fingerhut. Sehr praktisch für helle Stoffe sind farbige Markier- und Kreidestifte. Die mit dem Markierstift gezeichneten Linien verblassen nach 24 Stunden, die Kreidestriche lassen sich wegradieren.

Wenn Sie merken, daß Ihnen das Nähen Spaß macht, lohnt sich die Anschaffung einer richtigen Zuschneideschere. Sie gleitet beim Zuschneiden flach über die Unterlage, und der Stoff bleibt glatt liegen.

Weitere nützliche Hilfsmittel: eine Zackenschere, die bei Futterstoffen gleich die Schnittkanten versäubert, ein Winkeldreieck, ein langes Lineal.

Stellen Sie immer einen Papierkorb für Stoffreste und die vielen abgeschnittenen Fäden in ihre Nähe, sonst verwandelt sich das Zimmer, in dem Sie nähen, schnell in ein Chaos.

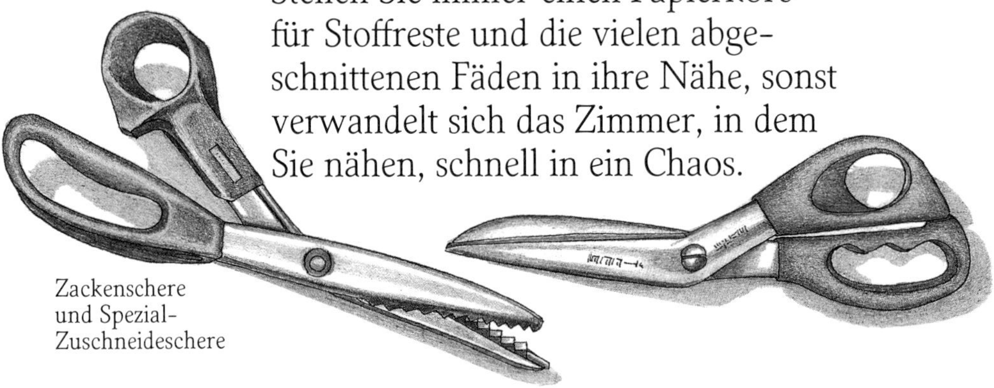

Zackenschere und Spezial-Zuschneideschere

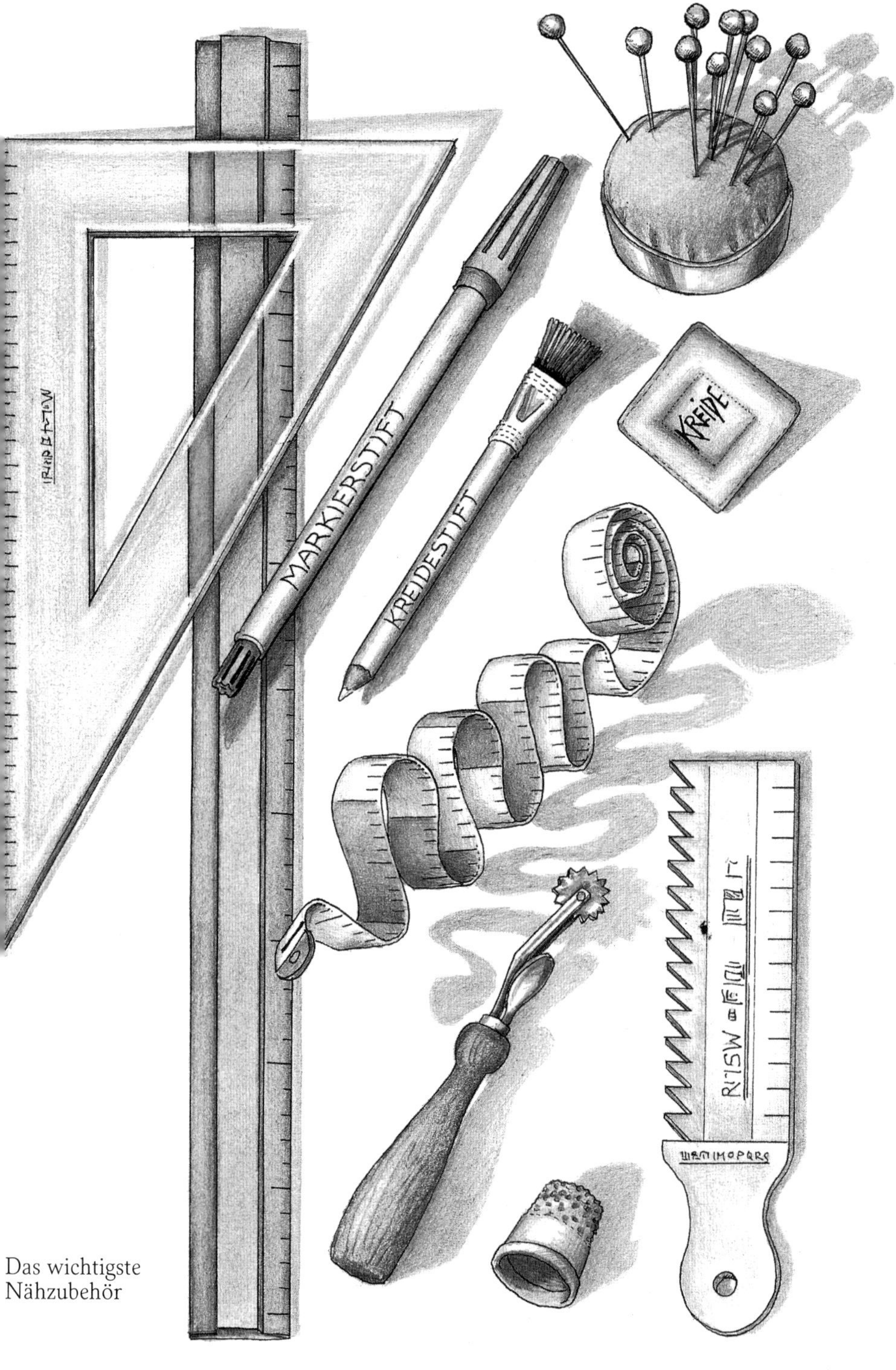

Das wichtigste
Nähzubehör

Die Grundlage zum Nähen: ein guter Schnitt

Alle Schnitte dieses Buches wurden nach dem gleichen Prinzip entwickelt: Die Modelle bestehen aus nur wenigen Schnitteilen und haben wenige Abnäher und Rundungen. Sobald Sie ein bißchen Routine haben, werden Sie schnell selbst herausfinden, wie leicht sich diese geraden, einfachen Schnitte abwandeln lassen. Ihre Größe finden Sie auf der Tabelle unten. Wie heute auch oft in der Konfektion, sind nur die Größen Small (klein, Größe 34/36), Medium (mittelgroß, Größe 38/40) und Large (groß, Größe 42/44) angegeben. Wie Sie Schnitte leicht vergrößern oder verkleinern können, zeigen Ihnen die Zeichnungen auf der nächsten Seite. Zum Herauskopieren der einzelnen Schnitteile benutzen Sie am besten große Bogen Packpapier

Maßtabelle

	Größe	Small 34/36	Medium 38/40	Large 42/44
Körpermaße in Zentimeter	Brustumfang	84	92	100
	Hüftumfang	90	98	106
	Taillenumfang	68	72	82
	Vordere Länge (Schulter bis Taille)	42	44	45
	Rückwärtige Länge (Halswirbel bis Taille)	41	42	42

oder Seidenpapier (Schreibwarengeschäft) oder Schnittfolien, die Sie in den Schnittmusterabteilungen der Kaufhäuser kaufen können. Schnittfolie ist reißfest und schmiegsam und hat den Vorteil, daß sich die Schnitteile leichter mit Klebestreifen zusammenkleben oder mit Stecknadeln stecken lassen. So können Sie schon einmal ausprobieren, ob der Schnitt auch ungefähr paßt. Legen Sie die Schnittfolie einfach auf den Schnittbogen, und zeichnen Sie die einzelnen Schnitteile mit einem speziellen Kopierstift durch. Bei Pack- oder Seidenpapier geht das Schnittkopieren umgekehrt: den

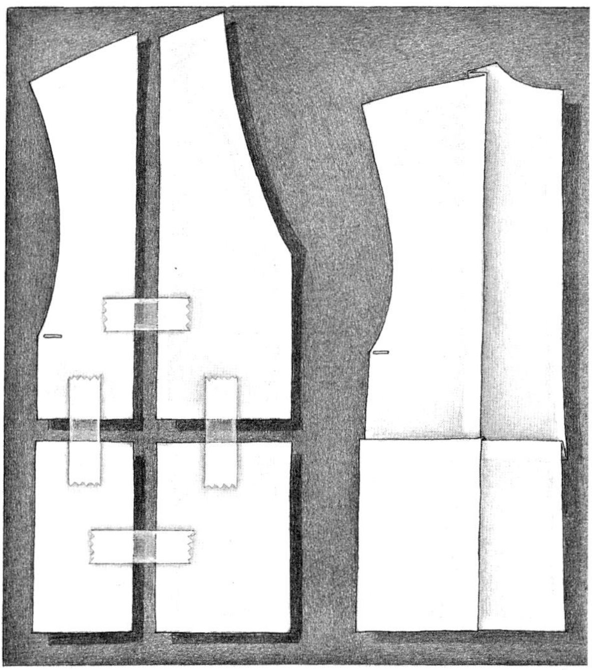

Schnitt vergrößern: Papierschnitt längs und quer auseinanderschneiden und mit etwa 1 cm Abstand neu zusammenkleben. Schnitt verkleinern: Papierschnitt längs und quer zusammenfalten.

Schnittbogen auf das Papier legen und die Linien mit dem Kopierrädchen aufs Papier übertragen. Papier und Folie müssen so groß sein wie die einzelnen Schnitteile, gegebenenfalls müssen Sie die Papierteile vorher zusammenkleben. Falls Sie ausgerechnet am Sonntag Lust bekommen, eine Hose zu nähen, und weder Packpapier, Seidenpapier noch Schnittfolie im Haus haben, tut's notfalls auch mal Zeitungspapier, allerdings nur, wenn Sie keine hellen Stoffe zuschneiden wollen – denn Druckerschwärze färbt ab.

Leinenbindung (oben) und Köperbindung (unten)

Keine Angst vorm Zuschneiden

In einem schönen Stoff hineinzuschneiden – das kostet erst einmal ein bißchen Überwindung. Kaufen Sie für den Anfang einen preiswerten Stoff, dann fällt das Hineinschneiden nicht so schwer. Stoffe mit sogenannter „Leinenbindung" lassen sich leichter zuschneiden und verarbeiten als andere Stoffe, zum Beispiel als die schräg verlaufende Köperbindung (beide Beispiele zeigen die Zeichnungen links). Es gibt aber auch Stoffe in Köperbindung, zum Beispiel Jeansstoffe, die sich leicht verarbeiten lassen.

Richten Sie sich beim Zuschneiden genau nach dem Schnittauflageplan, der beim Modell eingezeichnet ist, dann kann wirklich nichts passieren. Versuchen Sie auf jeden Fall, für Ihr Modell einen Stoff in der angegebenen Breite zu bekommen. Falls Ihr Traumstoff doch einmal schmaler oder breiter sein sollte, können Sie vor dem Stoffkauf zu Hause auf stoffbreit ausgelegtem (Zeitungs-)Papier durch Hin- und Herschieben der einzelnen Schnitteile ausprobieren, wieviel Stoff Sie brauchen.

So liegt der Stoff richtig

Meist wird in der doppelten Stofflage (linke Stoffseite außen) zugeschnitten – wenn nicht, so ist das auf jeden Fall im Schnittauflageplan vermerkt. Um Stoff zu sparen, ist es manchmal günstiger, den Stoff nicht doppelt zu legen (siehe Zeichnung Seite 19). Bei doppelter Stofflage muß der Stoff glatt aufeinanderliegen, genau Webekante auf Webekante. Die rechte Seite, die Seite also, die später nach außen kommt, liegt innen. Der Stoff darf keine Querfalten haben. Eventuell müssen Sie durch Recken oder leichtes Bügeln dafür sorgen, daß der Stoff glatt liegt. Wollstoffe, die durch Feuchtbügeln einlaufen können, sollten Sie mit dem Dampfbügeleisen oder einem leicht feuchten Tuch vor dem Zuschneiden bügeln.

Das Markieren der Schnitteile

Wenn alle Schnitteile nach dem jeweiligen Schnittauflageplan auf dem

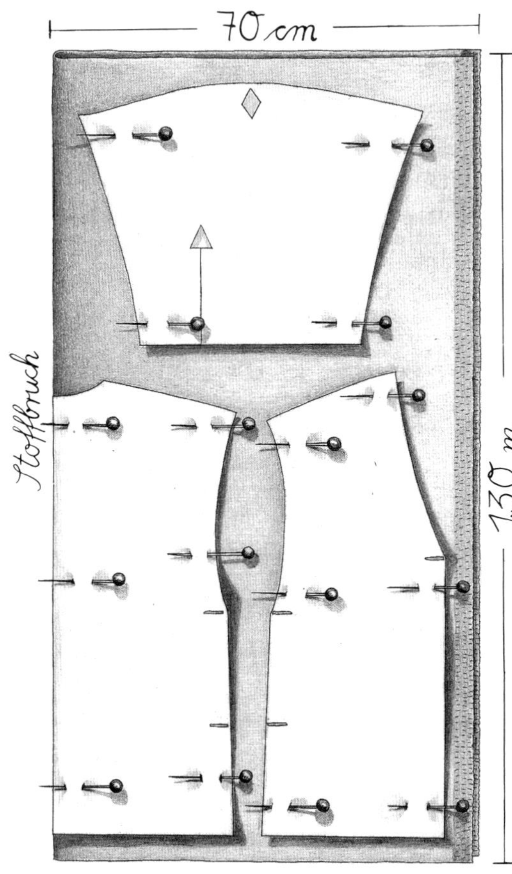

Die Zeichnung links zeigt, wie in doppelter Stofflage zugeschnitten wird. Bei der Zeichnung rechts liegt der Stoff einfach.

Stoff verteilt und festgesteckt sind, markieren Sie die Schnittlinien mit Schneiderkreide oder Markierstift. Die Schnitteile haben keine Naht- und Saumzugaben. Für die meisten Nähte genügen etwa zwei Zentimeter Zugabe; mit Saumzugaben sollten Sie großzügiger sein: Vielleicht stellen Sie ja bei der Anprobe fest, daß Sie Ihren neuen Rock doch lieber länger mögen.

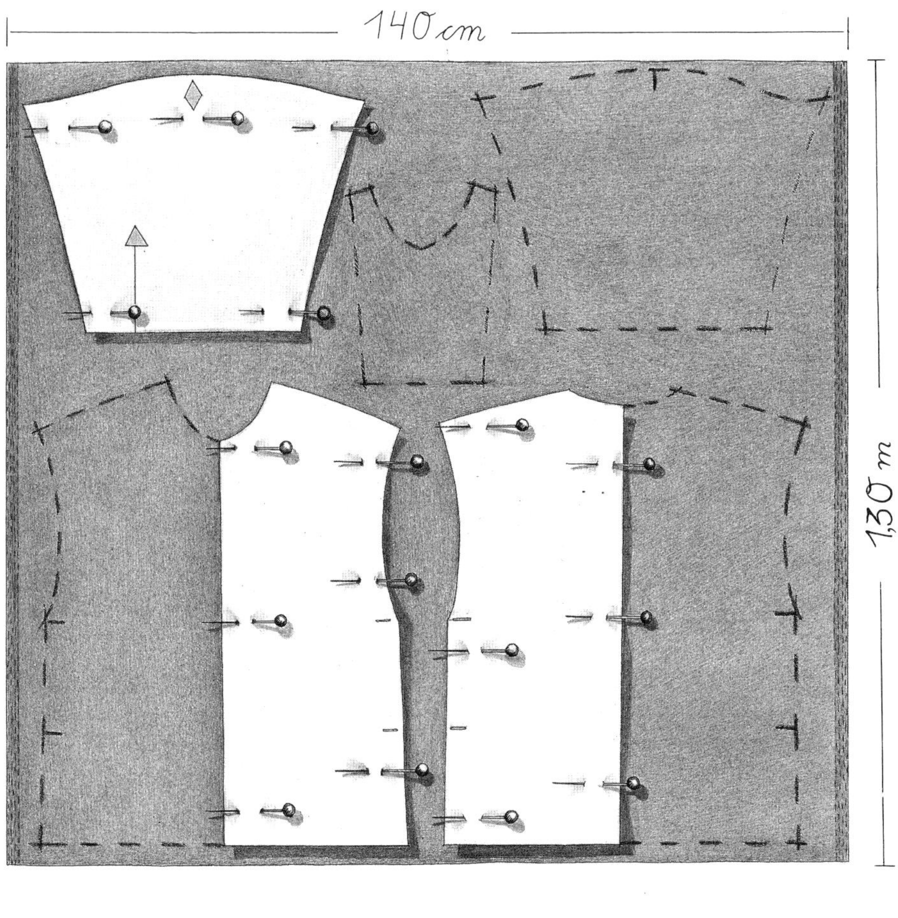

Schneiden Sie erst zu, wenn alle Schnitteile markiert sind, und vergessen Sie die Querzeichen nicht. Sie zeigen an, wo die Stoffteile später aufeinandertreffen. Vorsichtshalber noch einmal alle Schnitteile durchzählen. Legen Sie weißes oder farbiges Kopierpapier mit der beschichteten Seite nach oben unter den Stoff. Radeln Sie nun mit dem Kopierrädchen genau auf den Kreidelinien entlang. So übertragen Sie die Schnittlinien auf die untenliegenden Stoffteile.

Stoffe, die schwer zu verarbeiten sind

Alle sehr dünnen und rutschigen Stoffe, wie Satin, Chiffon und manche Kreppstoffe, sind nicht leicht zuzuschneiden. Auch Stoffe mit „Strich" (Loden, Samt, Cordsamt) sind für erste Nähversuche nicht geeignet. Bei diesen Stoffen müssen Sie nämlich sehr aufpassen, daß wirklich alle Schnitteile in derselben Richtung aufgelegt werden, sonst zeigt der Stoff eine andere Farbschattierung. Karos und Streifenstoffe müssen vor dem Zuschneiden ganz exakt aufeinandergesteckt werden, sonst passen die Muster beim Zusammennähen nicht richtig.

Wo zuschneiden?

Am besten auf einem großen Tisch, notfalls auf dem Teppich. Auf einem Tisch haben Sie das Zuschneiden besser im Griff. Wenn Ihr Tisch nicht groß genug ist, sollten Sie den Stoff zunächst auf dem Boden auslegen, alle Schnitteile darauf feststecken und später auf dem Tisch zuschneiden. Falls Sie größere Stoffmengen zuschneiden: Stellen Sie einen Stuhl neben den Tisch, damit die langen Stoffbahnen den auf dem Tisch liegenden Stoff nicht herunterziehen.

Die Anprobe

Bei der ersten Anprobe sieht manches Stück noch ein bißchen traurig oder unförmig aus. Der erste Eindruck wird ermutigender, wenn Sie schon mal einen schönen Gürtel, die richtigen Schuhe oder sonstige Sachen mit anprobieren, die Sie später zu Ihrem selbstgenähten Stück tragen wollen. Das ist vor allem bei Röcken und Hosen wichtig. Mehr Spaß macht das Anprobieren natürlich zu zweit. Auch größere Kinder haben schon einen guten Blick dafür, ob etwas sitzt oder nicht!

Das müssen Sie vor der Anprobe tun:

- Heften Sie alle Nähte und Abnäher, und bügeln Sie die Nähte leicht. Heften können Sie mit großen einfachen Stichen mit der Hand oder mit der Nähmaschine. Hierfür stellen Sie die Maschine auf die größte Stichlänge ein (Technik Seite 54). Achten Sie beim Zusammenstecken auf Querzeichen.
- Bügeln Sie Einlagen – falls vorgesehen – schon vorher auf.
- Falls Ihr Modell Ärmel hat, heften Sie einen Ärmel ein.
- Kräuselungen schon vorher mit der Maschine einkräuseln (Technik Seite 62).
- Falten stecken oder festheften.
- Bündchen aufstecken oder festheften.

Falls bei der Anprobe etwas nicht paßt:

- Zuviel Weite an beiden Seiten gleichmäßig abstecken und mit einem Heftfaden die Linie für die neue Naht markieren.
- Ein zu enges Halsloch vorsichtig einschneiden und die neue Ausschnittlinie mit Kreide oder Stecknadeln markieren.
- Wenn etwas zu eng ist, müssen Sie an beiden Seiten die Nähte auftrennen, die richtige Weite abstecken und auch hier die neuen Linien mit Kreide oder Stecknadeln markieren.

Nähen mit fertigen Zutaten

So selbstverständlich wie das Kochen mit Tiefkühlkost ist heute das Nähen mit all den Zutaten, die unter dem nicht sehr animierenden Begriff „Kurzwaren" zusammengefaßt sind. Dabei machen sie wenig Arbeit, aber viel Eindruck. Nieten, Druckknöpfe in allen Größen, fertige Verschlüsse, Haken und Ösen vom Meter sind nicht nur praktisch, sie lassen Selbstgenähtes auch nie ungekonnt hausgeschneidert aussehen. Hier eine kleine Übersicht:

Druckknöpfe und Ösen: Es gibt sie unter dem Namen Nähfrei-Druckknöpfe in vielen Stärken und Größen: vom Miniformat für sehr leichte und empfindliche Stoffe über spezielle Jerseydrucker bis zum kräftigen Anorak- oder Jeansdruckknopf. Sie sind meist fertig abgepackt mit speziellem Vernietungswerkzeug zu haben (Technik Seite 73 und 94). Machen Sie auf jeden Fall einen Probedruck, denn manchmal vertragen sich Stoff und Druckknopf nicht.

Conchas, Silbernieten und Pailletten zum Aufbügeln: Sie haben zwar nichts zu halten, sehen aber sehr dekorativ aus. Conchas sind Metallringe mit zwei Schlitzen, die an einem Bändchen befestigt werden (Technik Seite 115). Bei Silbernieten werden die seitlichen Haken durch den Stoff gebohrt und zugedrückt (Technik Seite 113). Pailletten gibt es als fertige Motive, sie werden einfach aufgebügelt.

Haken und Ösen vom Meter und rechts und links je eine Reihe Silbernieten machen das einfache T-Shirt-Kleid auffallend. Sie können damit ein fertiges Kleid verschönern oder dieses Kleid selbermachen: nach dem Schnitt für das Top (Seite 37), an das Sie einfach zwei angekrauste Stoffbahnen in gewünschter Weite annähen. Die Haken und Ösen am laufenden Band gibt's allerdings meist nur in Schwarz oder Weiß. (Wie Sie den Verschluß nähen, siehe Technik Seite 113.)

Ich nähe mir einen Rock

Röcke aus geraden, angekrausten Teilen gelingen auch, wenn Sie noch nie genäht haben. Der Karorock links hat lange Seitenschlitze, große Taschen und einen Extra-Unterrock. Der Rock rechts wirkt üppig durch Spitzenbesatz und einen Volant.

(Arbeitsanleitungen auf Seite 117)

Röcke aus zwei Bahnen

Material für Blumenrock: 2,00 m fließender Stoff, 0,90 m breit; Rippengummiband.
Tupfenrock: 1,60 m weichfallender Stoff, 1,40 m breit; 1 cm breites Gummiband.

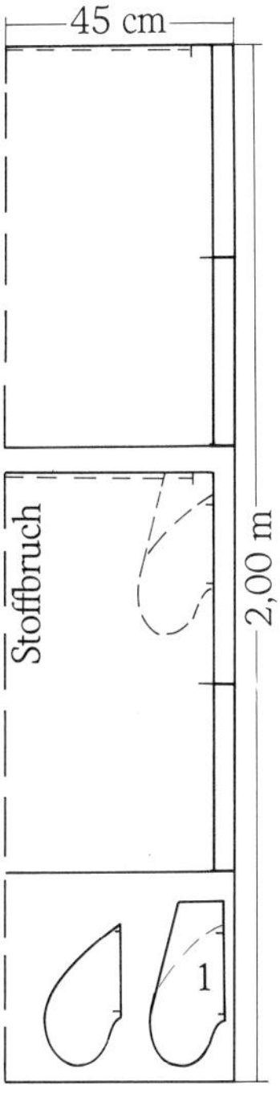

Schnittauflageplan für Blumenrock

Blumenrock: Den Stoff in zwei Bahnen aufteilen. Wichtig: 0,35 m für die Taschenbeutelteile übriglassen (Schnitteil 1 auf dem Bogen). Seitennähte steppen, dabei circa 40 cm lange Seitenschlitze und Schlitze für die Taschengriffe offenlassen. Taschen einarbeiten (Technik Seite 70). Rippengummi ansteppen (Technik Seite 71). Rocksaum und Schlitzkanten umsteppen (Technik Seite 60).
Tupfenrock: Für den Volant zwei Stoffbahnen von 0,50 m x 1,40 m abschneiden. Den restlichen Stoff für die obere Stufe nehmen. Seitennähte der oberen Stufe schließen. Kräuselbündchen von etwa 5 cm Breite mit drei Tunnelreihen steppen (Technik Seite 64). Bei festeren Stoffen besser ein Kräuselbündchen mit weniger Weite extra ansetzen (Technik Seite 69). Volantnähte schließen. Volant einkräuseln und unter die obere Rockstufe steppen (Technik Seite 65). Saum nähen.

Diese Röcke bestehen nur aus geraden Stoffbahnen. Sie brauchen dafür also keinen Schnitt. Der Blumenrock hat Taschen in den Seitennähten und ein Rippengummi (Anorakgummi) als Bündchen. Auch der Tupfenrock mit angeschnittenem Kräuselbündchen braucht keinen Verschluß.

Zwei schmale Röcke nach einem Schnitt (Foto S. 29)

Material für beide Röcke: 1,10 m Wollstoff, 1,40 m breit; außerdem Bundfix. Für den grauen Rock sechs Nietendruckknöpfe und Vlieseline-Kantenfix, für den Karorock einen Reißverschluß, 18 cm lang; einen Knopf.

Grauer Flanellrock: Schnitteile 2 bis 5 aus dem Schnittbogen herauskopieren und nach dem Schnittauflageplan zuschneiden. Mit der

Taschenverarbeitung beginnen (Technik Seite 72). Da die Taschen am Sitz des Rockes nichts ändern, sollten sie schon vor der Anprobe fertig sein. Vordere Verschlußkanten mit Kantenfix versteifen und umbügeln (Technik Seite 106). Bundfalten X auf O legen. Rückwärtige Mittelnaht und Abnäher schließen. Seitennähte heften oder schon nähen und Rock anprobieren. Dazu das Bündchen anstecken und Rocklänge umstecken. Rocksaum fertignähen und die vorderen Verschlußkanten knappkantig absteppen. Nur die rechte Verschlußkante zusätzlich in 3 cm Blendenbreite absteppen. Rockbündchen mit Gürtelschlaufen annähen (Technik Seite 74/75). Nietendruckknöpfe einschlagen (Technik Seite 73).

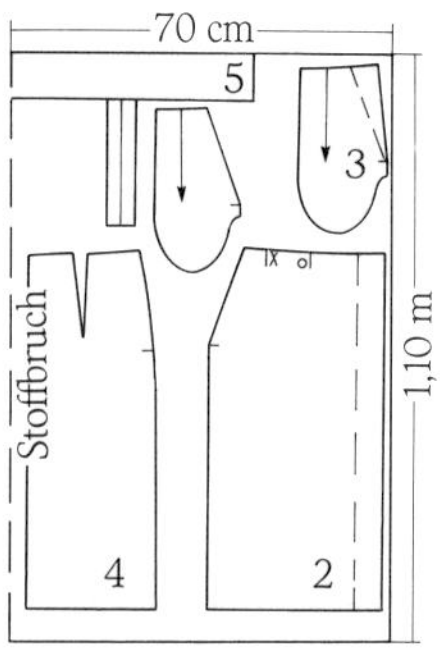

Schnittauflageplan für beide Röcke

Karorock mit Schlitzfalte: Der Schnitt bleibt der gleiche, nur die Verarbeitung ist anders. Die vordere Mittelnaht zwischen den Querzeichen schließen, dabei gleich den Blindverschluß und die Schlitzfalte mit der Maschine zuheften (Technik Seite 80). Die breiten Nahtzugaben in das rechte Vorderteil bügeln und die Heftstiche wieder auftrennen. Den Blindverschluß und die Mittelnaht bis zur Schlitzfalte knappkantig absteppen (Technik Seite 80). Die schrägen Taschen einarbeiten (Technik Seite 72). Bundfalten X auf O legen. Rückwärtige Mittelnaht (bis zum Reißverschlußschlitz) und Abnäher schließen. Seitennähte für die Anprobe heften oder schon fertigsteppen. Das Rockbündchen anstecken. Rock anprobieren und die Länge festlegen. Erst den Rocksaum nähen, danach die Schlitzfalte fertigarbeiten (Technik Seite 77). Den Reißverschluß in den rückwärtigen Schlitz nähen (Technik Seite 78). Rockbündchen (mit oder ohne Gürtelschlaufen) ansetzen (Technik Seite 75) und mit Knopf und Knopfloch schließen (Technik Seite 66).

Beide Röcke haben schräge Seitentaschen, die Sie aber auch weglassen können. Der graue Flanellrock wird vorn mit Nietendruckknöpfen geschlossen, der kleinkarierte Rock hat vorn einen Blindverschluß und eine Schlitzfalte. Geschlossen wird er hinten mit einem Reißverschluß.

Ich nähe mir eine Hose

Anfänger wollen es zwar oft nicht glauben, aber es stimmt: Hosen sind genauso leicht zu nähen wie Röcke. Diese Blumenhose wurde nach dem gleichen Schnitt genäht wie die blaue Blumenhose von Seite 32.

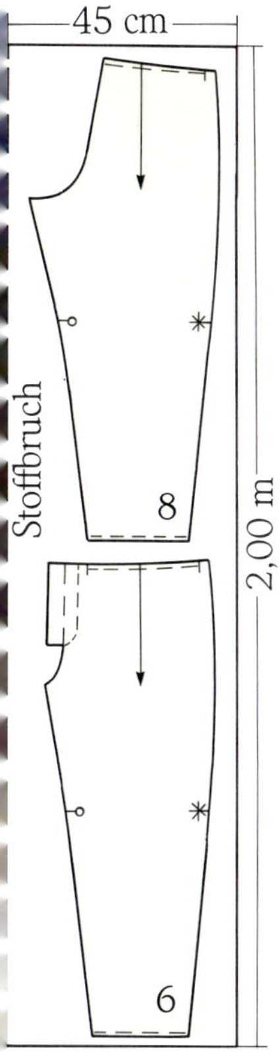

Schnittauflageplan für Jogginghose

Oben locker, unten schmal sind diese beiden sehr verschiedenen Hosen nach einem Schnitt. Die Blumenhose hat schräge Seitentaschen und ein praktisches Bündchen, das vorn gekräuselt ist und hinten glatt sitzt. Der Vorderverschluß ist nur Attrappe, ein sogenannter Blindverschluß. Auch die Jogginghose mit Strickbündchen hat diesen Blindverschluß.

Hosen mit Seitennähten

Material für Blumenhose: 2,50 m Baumwollstoff oder Viskose, 0,90 m breit; Gummiband, Bundfix. Jogginghose: 2,00 m Strickstoff, 0,90 m breit; fertige Strickbündchen im Dreierpack (oder aus Strickstoff nähen).

Blumenhose (und Hose von Seite 30/31): Schnitteile 6 bis 10 herauskopieren und nach dem Schnittauflageplan zuschneiden. Blindverschluß einarbeiten (Technik Seite 80) und vordere Mittelnaht schließen. Schräge Taschen einarbeiten (Technik Seite 81). Rückwärtige Mittelnaht steppen. Innere Beinnähte schließen. Seitennähte für die Anprobe heften oder gleich steppen. Bündchen nach der Methode von Seite 82 im Technikteil ansetzen.

Jogginghose: Wie Blumenhose (aber ohne Taschen) zuschneiden, nur oben und an den Hosenbeinen etwas kürzer, weil die Hose breite Strickbündchen hat. Rückwärtige Mittelnaht schließen. Blindverschluß einarbeiten (Technik Seite 80) und vordere Mittelnaht steppen. Innere Beinnähte schließen. Seitennähte zur Anprobe heften oder gleich steppen. Strickbündchen ansetzen (Technik Seite 85). Sie können diese Hose auch so nähen: Erst die inneren Beinnähte schließen, dann die Mittelnaht und zum Schluß die Seitennähte.

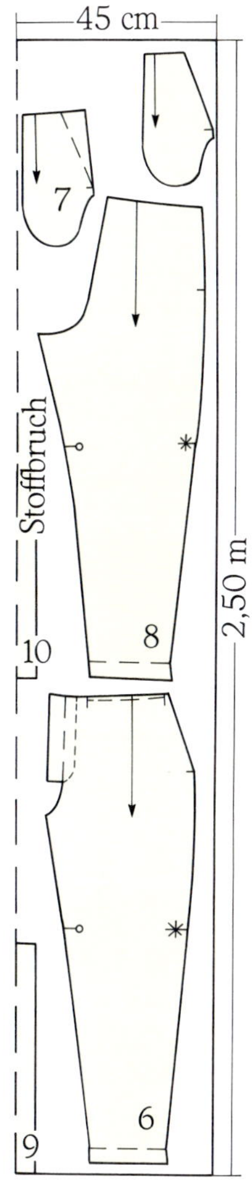

Schnittauflageplan für Blumenhosen

Hosen ohne Seitennaht

Material für helle Hose: 2,50 m Bourretteseide, 0,90 m breit; Gummiband. Streifenhose: 2,20 m quergestreifter Jersey, 0,90 m breit; ein Stück Baumwollstoff und Vlieseline, zwei Metallösen, Gummiband, Kordel.

Helle Hose: Schnitteil 11 aus dem Schnittbogen herauskopieren und zweimal zuschneiden. Einen 12 cm breiten Bündchenstreifen in Hüftweite zuschneiden, außerdem vier Taschenbeutelteile. Als erstes die seitlichen Taschen einarbeiten (Technik Seite 87). Innere Beinnähte schließen, den Blindverschluß und die Hosenmittelnaht (auch hinten) steppen (Technik Seite 80). Obere Hosenkante leicht kräuseln. Bündchenstreifen annähen und Kräuselbündchen arbeiten (Technik Seite 69). Das fertige Kräuselbündchen muß so weit sein, daß es sich leicht über die Hüften ziehen läßt. Hosenbeinsäume steppen.
Streifenhose: Schnitteil 11 aus dem Schnittbogen herauskopieren und zweimal zuschneiden. 12 cm x 0,90 m breiten Bündchenstreifen zuschneiden. Innere Beinnähte und Hosenmittelnaht schließen, Kräuselbündchen ansetzen (alle Techniken Seite 88). Stoffrechteck mit Ösen und Kordel aufsteppen (Technik Seite 89). Hosenbeinsäume nähen.

Diese beiden Hosen bestehen nur aus je zwei Teilen. Da sie locker geschnitten sind, ist der Sitz kein Problem. Die Hose aus heller Bourretteseide hat seitlich eingearbeitete Taschen, die Hose aus quergestreiftem Jersey wirkt durch einen Verschlußeffekt.

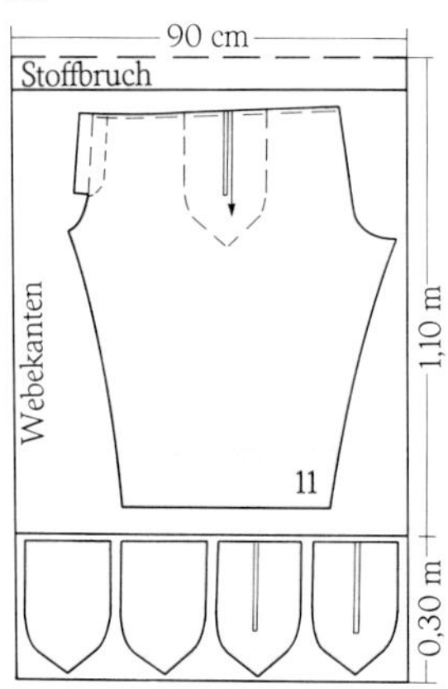

Schnittauflageplan für beide Hosen

Ich nähe mir ein Top

Schicke Tops sind teuer, wenn man sie kauft – und dabei so schnell aus einem Stoffrest genäht.
Hier ein Top aus Knitterleinen mit Ösen in den Seitennähten. Kordeln halten das Top zusammen (Arbeitsanleitung auf Seite 39).

Tops mit rundem Ausschnitt

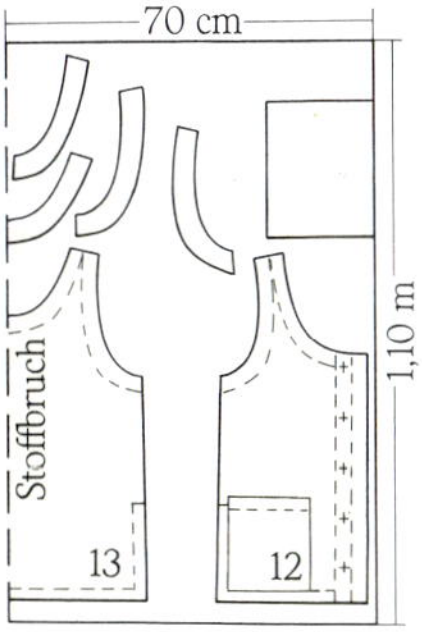

Schnittauflageplan für Streifentop

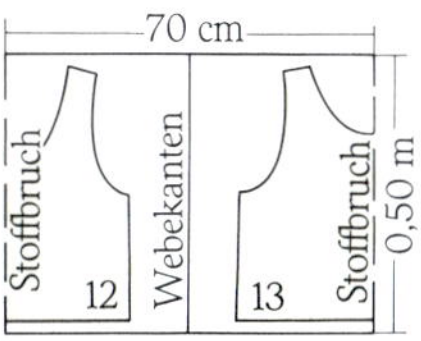

Schnittauflageplan für Top aus zweierlei Stoff

Das Top links aus festem Streifenstoff wirkt durch den Nietenverschluß fast wie eine Weste. Das Top daneben fällt auf durch die Kombination von zweierlei Stoff.

Material für Streifentop: 1,10 m fester Stoff, 1,40 m breit; fünf Nietendruckknöpfe. Top aus zweierlei Stoff: 0,50 m Baumwolljersey im Leopardendruck, 0,25 m einfarbiges Leinen, beide 1,40 m breit; Vlieseline-Kantenfix. Top mit Schnürverschluß (von Seite 36/37): 1,00 m Knitterleinen, 1,40 m breit, circa 32 Metallösen, dünne Kordel.

Streifentop: Schnitteile 12 und 13 aus dem Schnittbogen herauskopieren und nach dem Schnittauflageplan zuschneiden. Formstreifen für Arm- und Ausschnittkanten zuschneiden (Technik Seite 90). Schulter- und Seitennähte bis zu den Seitenschlitzen steppen. Saum und Schlitzkanten umbügeln und feststeppen (Technik Seite 60). Arm- und Ausschnittkanten mit Formstreifen verstürzen (Technik Seite 90). Zuerst die vorderen Verschlußkanten, danach die Arm- und Ausschnittbelege 2,5 cm breit feststeppen. In den Verschluß Nietendruckknöpfe einschlagen (Technik Seite 73). Zum Schluß Taschen aufsteppen (Technik Seite 95).
Top aus zweierlei Stoff: Schnitteile 12 und 13 herauskopieren, dabei Teilungslinien für die Blende einzeichnen. Arm- und Ausschnittkanten mit Vlieseline unterlegen. Seiten- und Schulternähte schließen und Kanten 1 cm breit umsteppen (Technik Seite 93). Die breite Leinenblende bleibt an den Seiten offen. Die Seiten und den Saum 3 cm breit umsteppen und an den Saumecken Briefecken einarbeiten (Technik Seite 61). Die oberen Kanten der breiten Blenden nahtbreit umbügeln und knappkantig auf Vorder- und Rückenteil steppen.

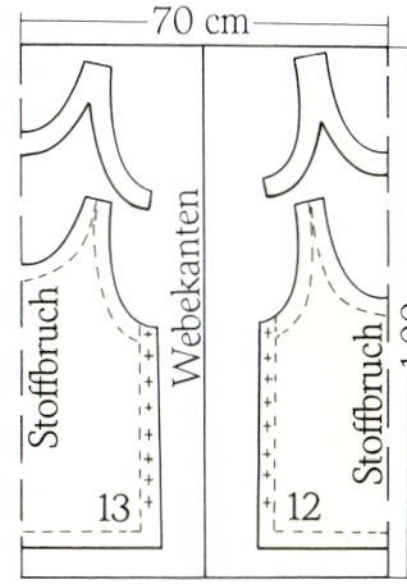

Schnittauflageplan für Top mit Schnürverschluß

Top mit Schnürverschluß von Seite 36/37: Schnitteile 12 und 13 aus dem Schnittbogen herauskopieren. An den Seiten breite Nahtzugaben für Schnürverschluß zugeben. Arm- und Ausschnittkanten mit Belegen verstürzen (Technik Seite 91). Die seitlichen Kanten und den Saum 2,5 cm breit umsteppen, dabei an den Ecken Briefecken abnähen (Technik Seite 61). Ösen einstanzen, Schnur durchziehen (Technik Seite 94).

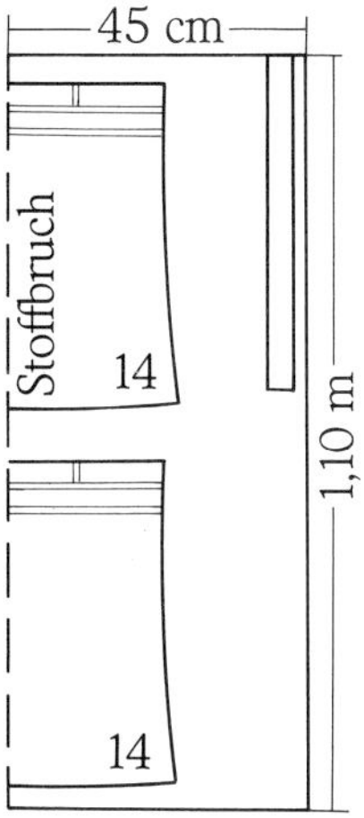

Schnittauflageplan für Top mit Hohlsaum

Wer gern Handarbeiten macht, wird an diesen Tops Spaß haben. Das Top aus rosa Leinen hat zwei Hohlsaumreihen. Die breite Spitze am weißen Top ist fertig gekauft. Mit ein bißchen Übung im Umgang mit zarten Stoffen können Sie nach diesem Schnitt auch edle Seidenunterhemden nähen.

Tops mit schmalen Trägern

Material für Top mit Hohlsaum: 1,10 m Leinen, 0,90 m breit. Top mit Spitze: 0,90 m Borkenkrepp, 0,90 m breit; 1,00 m Baumwollspitze.

Top mit Hohlsaum: Schnitteil 14 herauskopieren und zweimal zuschneiden. Streifen für Träger zuschneiden – lieber etwas länger als zu kurz (circa 45 cm x 3 cm). Die Seitennähte mit Kappnähten schließen (Technik Seite 55). Den unteren Saum 1 cm breit umsteppen. Träger durchziehen (Technik Seite 74). Den oberen Saum 3 cm breit arbeiten. Wie Sie Hohlsaum sticken, ist im Technikteil auf Seite 96 genau beschrieben. Träger annähen.

Top mit Spitze: Dieses Top wird im Prinzip genauso genäht wie das Hohlsaum-Top. Die Träger sind 8 cm länger, da sie unter der Spitze angenäht werden; das hält besser. Also: Seitennähte schließen, Saum steppen. Spitze und Träger annähen (Technik Seite 97).

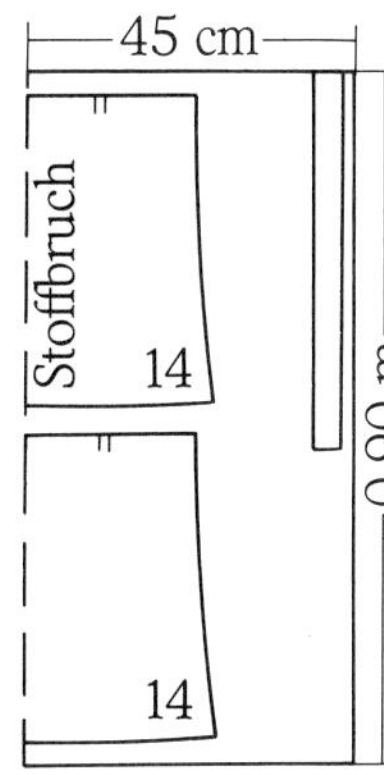

Schnittauflageplan für Top mit Spitze

Ich nähe mir eine Bluse

Sehr dekorativ wirkt diese Bluse durch die angekrauste Baumwollspitze und den modischen Schnürverschluß. Der gerade Schnitt ist dennoch ganz einfach und für Blusen verschiedenster Art zu gebrauchen. Die Arbeitsanleitung für diese Bluse steht auf Seite 45.

Bluse mit Stehkragen und Schlingenverschluß

Schnittauflageplan für blaue Bluse

Die blaue Bluse wirkt durch die offene Mittelnaht fast wie eine Jacke. Stehkragen, Schlitze an den Seiten und ein kunstvoller Schlingenverschluß lassen sie leicht fernöstlich aussehen. Nach dem gleichen Schnitt entstand auch die weiße Bluse von Seite 42/43.

Material für blaue Bluse: 1,85 m Baumwollstoff oder Leinen, 1,40 m breit; Vlieseline H 200 und Kantenfix. Weiße Rüschenbluse: 1,30 m Baumwollstoff, 1,40 m breit; 1,40 m Baumwollspitze, kleine Metallösen, Kordel und Raglanpolster.

Blaue Bluse: Schnitteile 15 bis 18 aus dem Schnittbogen herauskopieren und nach dem Schnittauflageplan zuschneiden. Auf die vorderen angeschnittenen Belege Kantenfix bügeln, umbügeln und 5 cm breit durchsteppen (Technik Seite 106). Schulternähte steppen und die (unten noch offenen) Ärmel einsteppen (Technik Seite 102, unbedingt ansehen). Nun in einem Rutsch Ärmel- und Seitennähte bis zu den Schlitzen steppen. Schlitzkanten und Säume umsteppen, dabei Briefecken abnähen (Technik Seite 61). Stehkragen mit Vlieseline versteifen, verstürzen und aufsteppen (Technik Seite 107). Zwei Taschen zuschneiden (Fertigmaß 21 cm x 22 cm) und aufsteppen (Technik Seite 95). Schlingenverschluß aus Bändchen arbeiten (Technik Seite 108).

Weiße Rüschenbluse (von Seite 42/43): Schnitteile 15 bis 17 herauskopieren und nach dem Schnittauflageplan zuschneiden. Vordere Mittelnaht und Schlitzkanten steppen (Technik Seite 100). Schulternähte schließen und knappkantig absteppen. Ärmel einsetzen (Technik Seite 102) und Ärmel- und Seitennähte bis zu den Seitenschlitzen in einem Rutsch schließen. Schlitzkanten, Blusen- und Ärmelsäume 1,5 cm breit umsteppen, dabei an den Seitenschlitzen Briefecken steppen (Technik Seite 61). Breite Baumwollspitze einkräuseln und auf die Ausschnittkante stecken. Ausschnittkante und Spitze

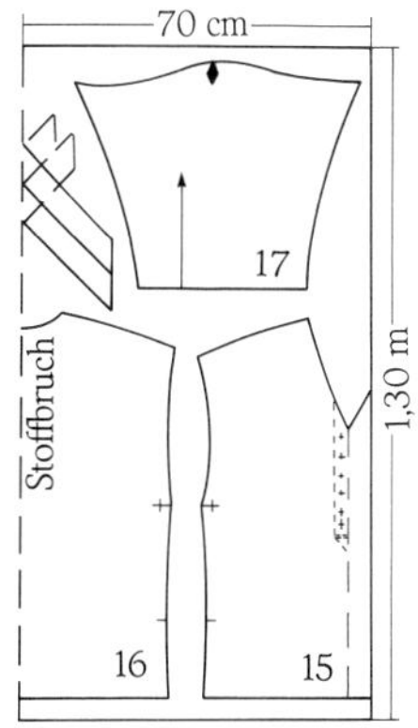

Schnittauflageplan für weiße Bluse

mit Schrägstreifen einfassen (Technik Seite 99). Metallösen in den Verschluß stanzen (Technik Seite 94). Kordel einziehen. Raglanpolster mit Stoff beziehen und einnähen oder mit Klettband befestigen (Technik Seite 101).

Jerseybluse mit Strickbündchen und Reißverschluß

Material: 1,30 m Angorajersey und 0,20 m Rippenstrickstoff, beide 1,40 m breit; Metallreißverschluß, 18 cm lang.

Arbeitsablauf: Schnitteile 15 bis 20 aus dem Schnittbogen herauskopieren und nach dem Schnittauflageplan zuschneiden. Kragen und Ärmelbündchen aus Strickstoff zuschneiden. Schulter-, Ärmel- und Seitennähte bis zu den Seitenschlitzen steppen. Leichten Zickzackstich oder Nutzstich benutzen, damit die Nähte so elastisch werden wie der Stoff. Schulternähte von rechts knappkantig und noch einmal steppfußbreit daneben absteppen. Ärmel einsetzen (Technik Seite 103). Den Schlitz in der vorderen Mitte einschneiden, Reißverschluß einnähen und von links einen Beleg gegennähen (Technik Seite 104, unbedingt ansehen). Vordere Kragenkanten verstürzen und Kragen annähen (Technik Seite 105). Saum und Schlitzkanten 1,5 cm umsteppen, dabei an den Seitenschlitzen Briefecken abnähen (Technik Seite 61). Die Ärmelbündchen zusammennähen, doppelt legen und an die Ärmel stecken, Bündchen annähen (Technik Seite 85).

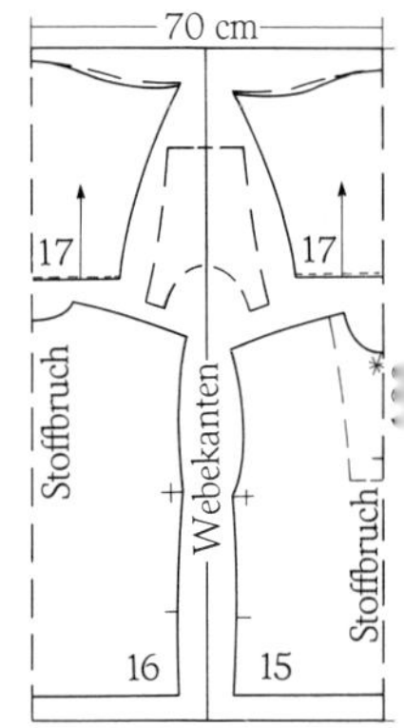

Schnittauflageplan für Jerseybluse

Wie fertig gekauft wirkt diese Bluse aus Angorajersey durch Strickbündchen und -kragen in Kontrastfarbe und durch den sichtbar eingenähten Metallreißverschluß.

Die Nähsymbole

in den Zeichnungen bedeuten:

Mit der Schere einschneiden
oder einknipsen

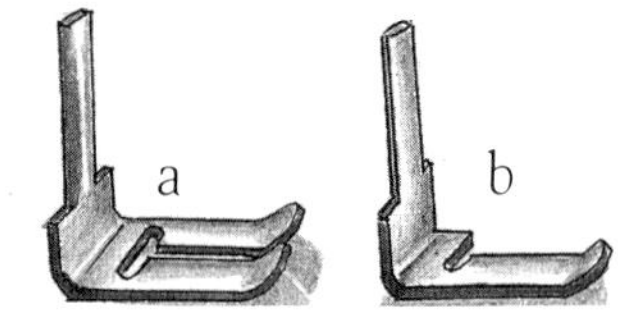

Mit ganzem (a) oder halbem (b)
Nähfuß steppen

Bügeln

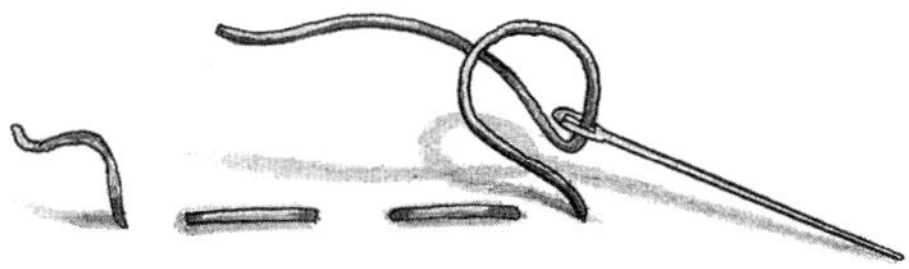

Mit der Hand heften

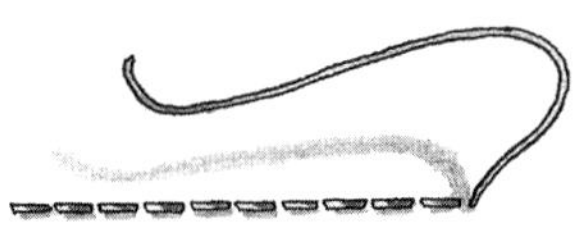

Mit der Maschine heften
oder steppen

Die Technik des Nähens

Alle beim Nähen wichtigen Arbeitsvorgänge sind auf den nächsten Seiten Schritt für Schritt erklärt. Die Einzelheiten, auf die wir bei unseren kurzen Arbeitsanleitungen nicht näher eingehen, werden hier genau gezeigt und beschrieben. Wenn Sie ein Modell aus diesem Buch nähen wollen, sollten Sie sich zunächst durch Foto und Arbeitsablauf einen Überblick verschaffen. Kopieren Sie dann das Modell aus dem Schnittbogen heraus, und schlagen Sie bei der Arbeit jeweils die angegebenen Seiten im folgenden Buchteil auf. Benutzen Sie die Seiten auch immer wieder zum Nachschlagen. Wenn Sie etwas Bestimmtes suchen: Das Register des Technikteils steht auf Seite 120.

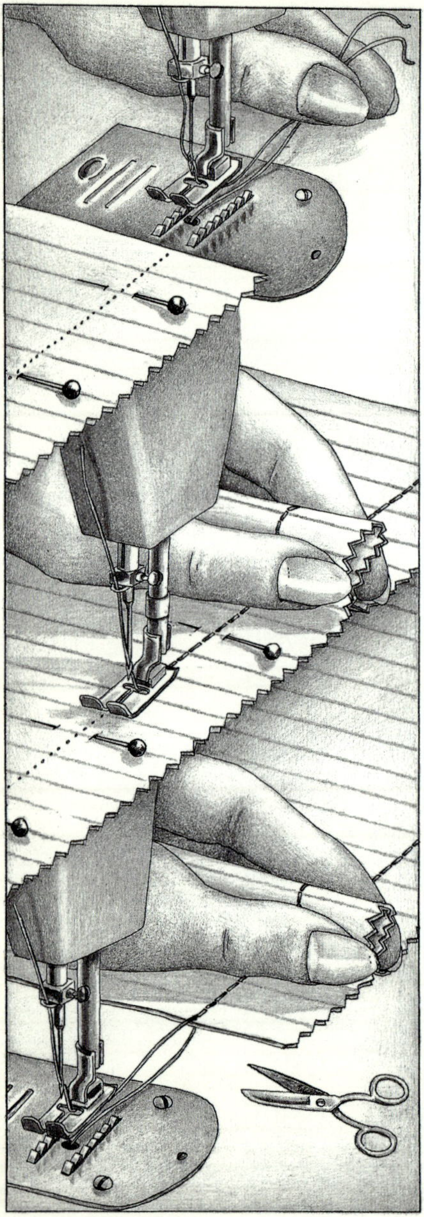

1

Erst stecken, dann steppen: Die Stoffkanten (rechts auf rechts) glatt aufeinanderlegen und zusammenstecken. Wenn Sie – wie hier – die Stecknadeln quer in den Stoff stecken, können Sie mühelos – aber langsam – über die Nadeln nähen. (Das gilt besonders für Streifenmuster, die genau aufeinandertreffen müssen.) Bevor Sie losnähen, Ober- und Unterfaden nach hinten legen und festhalten. Die Stoffkanten auf die Stichplatte schieben, den Nähfuß senken und den Fußantrieb (egal ob Trittbrett oder Pedal für den Motor) starten. Den Stoff vor und hinterm Nähfuß mit beiden Händen führen – nicht ziehen –, damit die Naht schön gerade wird. Die Nähgeschwindigkeit bestimmen Sie: anfangs langsam, später geht es von selbst schneller. Die Maschinennadel am Ende einer Naht oben stehenlassen, den Stoff nach hinten wegziehen (niemals nach vorn, die Nadel könnte abbrechen) und die Steppfäden mit der Arbeitsschere abschneiden.

2

Vernähen: Sie können die Steppfäden mit drei bis vier Rückwärtsstichen gleich vernähen oder verknoten (wie bei den Abnähern, Seite 52/53). Zu einer ordentlichen Naht gehören auch saubere Schnittkanten. Für dünne, nicht ausfransende Stoffe ist die Zackenschere besser geeignet als der Zickzackstich (nächste Seite). Denn die Schnittkanten bleiben weich und flach und drücken beim Bügeln nicht nach rechts durch.

Sollte die Nähmaschine mal nicht gleich losnähen, das Handrad mit der rechten Hand ein wenig nach vorn drehen.

Geradstich und Zickzackstich: Als Garn für Ober- und Unterfaden immer die gleiche Qualität nehmen (entweder Polyester, Baumwollgarn oder Nähseide). Feine Nadelstärken (70 oder 80) verwenden und die Nadeln öfter mal auswechseln, damit die Nadelspitze immer einwandfrei ist.
Den Geradstich für die normal gesteppte Naht nicht zu klein einstellen (Stichlänge 2,5 bis 3), zum Heften und Einkräuseln auf 5 oder 6. Das Stichbild ist in Ordnung, wenn die Naht nicht spannt und Ober- und Unterfaden sich genau in der Stoffmitte verschlingen.
Den Zickzackstich zum Versäubern von Schnittkanten in der Regel auf Stichbreite 4 und Stichlänge 3 einstellen. Zum Kanteln die Maschinennadel auf der linken Seite in den Stoff und auf der rechten Seite neben dem Stoff einstechen lassen. Wenn Sie dehnbare Stoffe wie Jersey, Rippenstrick und Sweatshirt-Stoff nähen, sollten Sie Ihre Maschine auf einen leichten Zickzackstich (Stichbreite 1–2) einstellen. Die Nähte werden dadurch genauso elastisch wie der Stoff, und die Steppfäden reißen nicht so schnell. Viele neue Maschinen haben dafür einen sogenannten Nutzstich.

1
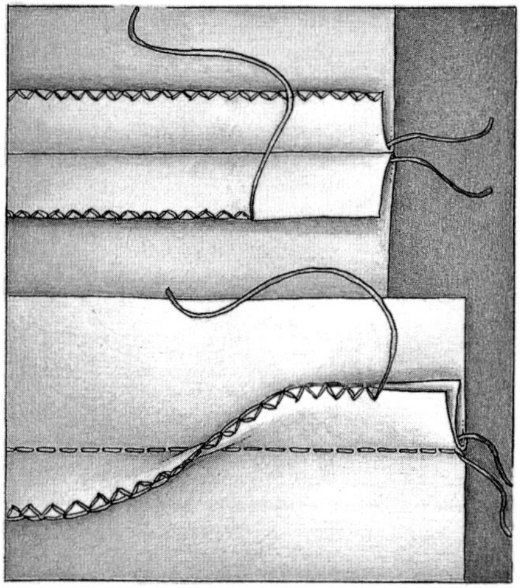

Nähte versäubern: Die Nahtzugaben gleichmäßig breit nachschneiden oder ausgefranste Kanten vorher glatt abschneiden. Den Zickzackstich einstellen (siehe Kasten). Normalerweise werden beide Schnittkanten einzeln gekantelt. Wenn die Nahtzugaben sowieso zu einer Seite gekippt werden, können Sie sie auch gleich zusammenkanteln, das spart Zeit und Arbeit.

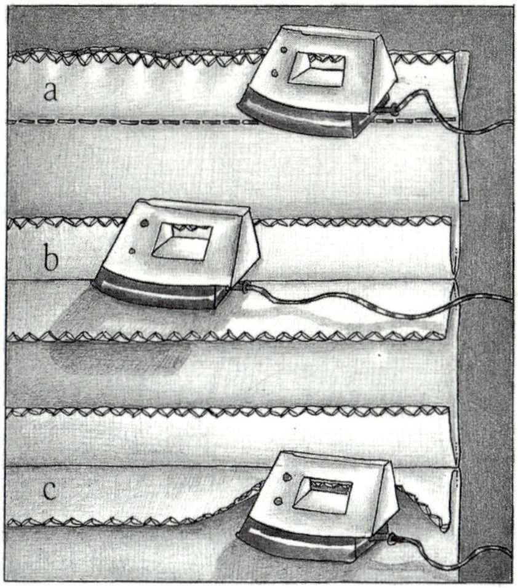

2

Richtiges Bügeln: Das Bügeleisen mit festem Druck über Naht und Schnittkanten schieben (a). Bei unempfindlichen Stoffen ruhig mit viel Wasserdampf bügeln. Die Nahtzugabe sorgfältig auseinanderbügeln (b). Mit der Bügeleisenspitze an beiden Seiten unter der Nahtzugabe an der Naht entlangstreichen (c). Noch feuchte Stellen jetzt trockenbügeln.

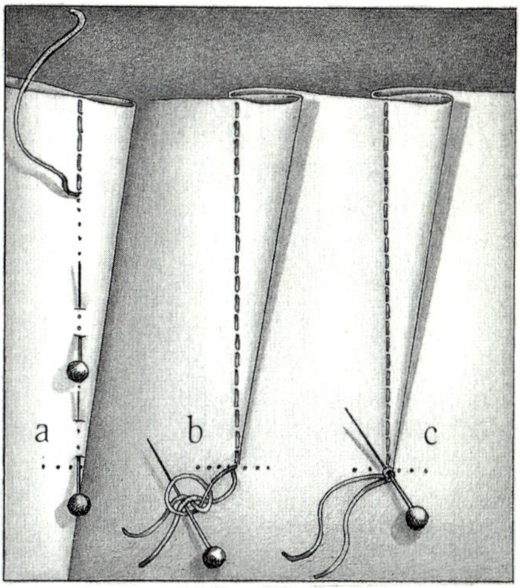

3

Abnäher steppen und Fäden verknoten: An der breiten Seite (oben) anfangen und am spitzen Ende aufhören. Die Stecknadeln – wie hier (a) – in den Stoff stechen, damit man sie beim Steppen herausziehen kann. Verknoten Sie die Steppfäden an den Enden. Das geht am besten so:
Beide Steppfäden zusammen verknoten, aber die Schlinge noch nicht zuziehen (b). Eine Stecknadel in die Schlinge stecken, die Nadel bis zur Abnäherspitze führen und jetzt zuziehen (c). Die Steppfäden knapp abschneiden.

Abnäher bei dickeren Stoffen: Bei dickeren Stoffen müssen Sie die Abnäher so weit wie möglich aufschneiden und auseinanderbügeln, damit sie flach liegen.

Heften und Trennen

Heften können Sie mit der Hand oder mit der Maschine. Beim Maschinenheften stellen Sie den größten Geradstich ein. Wenn Sie Schlitz- und Reißverschlußkanten erst zusammenheften, dann auseinanderbügeln und wieder auftrennen, bekommen Sie fabelhaft gerade Stoffbrüche. Heften Sie lieber mit der Hand, dann nehmen Sie dafür keine kurze, sondern eine lange dünne Nähnadel. Die Näharbeit übers Knie in den Schoß legen und die Stoffkanten in die linke Hand nehmen. Den Heftfaden nicht zu lang einfädeln. Ohne Knoten mit ein paar Rückstichen beginnen. Nähen Sie ruhig drei bis vier Stiche auf einmal, bevor Sie den Heftfaden ganz durchziehen.

1

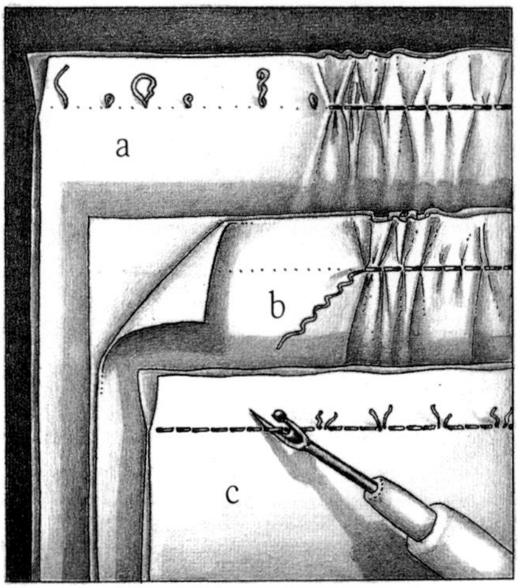

Trennen: Ist eine Naht nicht so gut gelungen, entweder schief oder krumm, kommen Sie am Auftrennen nicht vorbei. Eventuell müssen Sie auch nach der Anprobe trennen. Beim Trennen den Oberfaden mit einer Nadel so weit lockern, daß Sie ihn anfassen können. Dann ruckartig in Richtung geschlossene Naht reißen, abwechselnd auf der Ober- und auf der Unterseite. Dadurch gibt's kein Einreißen und kein Einschneiden im Stoff (siehe a und b). Oder: Mit dem Pfeiltrenner den Oberfaden in 1 cm Abständen durchtrennen (c) und anschließend den Unterfaden wegziehen. Bei beiden Methoden haben Sie keine lästigen Fäden mehr an der Näharbeit.

Kappnähte – echt und unecht

Zu den einfachen Nähten gehören auch Kappnähte: die echte (Zeichnung 3) und die unechte (Zeichnung 4). Von rechts sehen beide gleich aus. Auch die ersten beiden Nähvorgänge (Zeichnung 1 und 2) sind gleich. Die unechte Kappnaht wird überall da angewendet, wo die äußere Nahtzugabe zum Einkippen zu dick wird oder in Rundungen spannen würde.

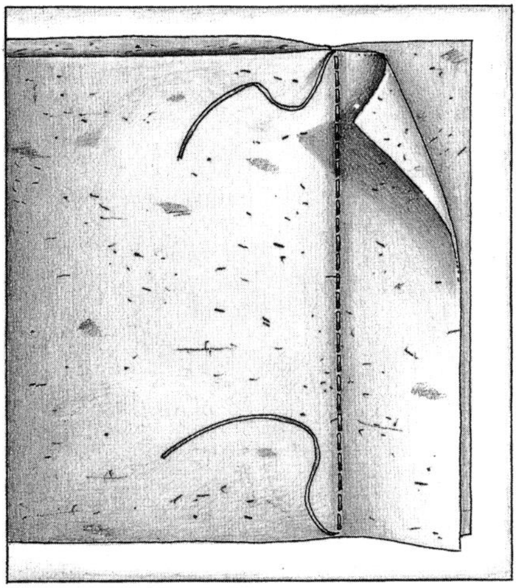

1

Die Stoffkanten rechts auf rechts zusammenlegen und steppen. In der Regel müssen die Nahtzugaben 2 bis 3 cm breit sein.

2

Die Nahtzugaben zuerst auseinanderbügeln, danach zu einer Seite bügeln. Die innenliegende (verdeckte) Nahtzugabe schmaler abschneiden (circa 5 bis 7 mm stehenlassen).

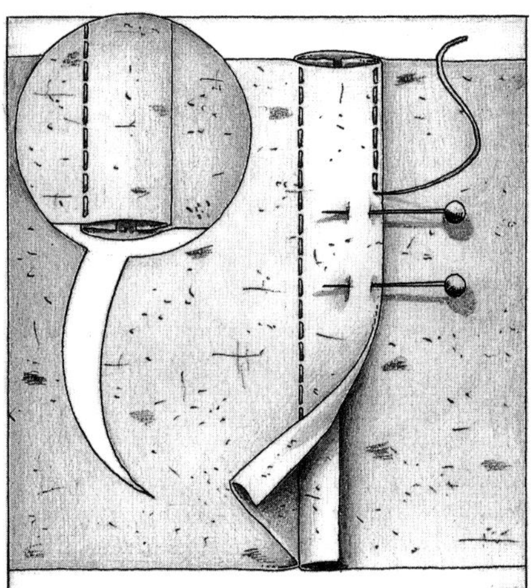

3

Echte Kappnaht: Die äußere Nahtzugabe gleichmäßig einkippen, stecken und knappkantig feststeppen. Die kleine Zeichnung zeigt, wie die Kappnaht auf der rechten Seite aussieht.

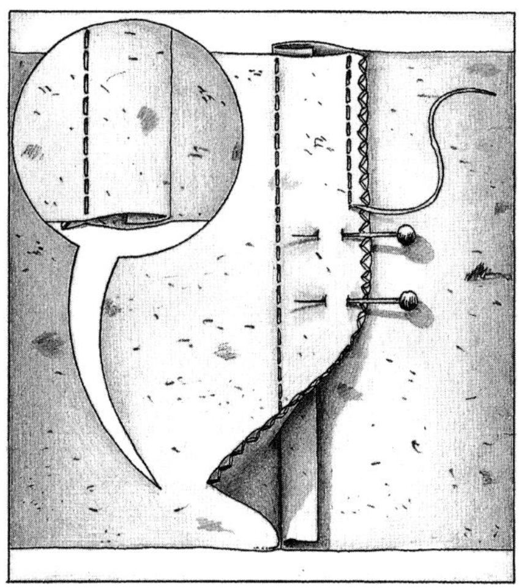

4

Unechte Kappnaht: Die Schnittkante der äußeren Nahtzugabe mit Zickzackstichen versäubern, feststecken und steppen (die kleine Zeichnung zeigt die rechte Seite).

Absteppen

Abgesteppte Nähte und Kanten sehen gut aus, sorgen für flache Kanten und geben dem Kleidungsstück einen besseren Halt. Spätestens nach der ersten Wäsche merken Sie, wie einfach sich diese Kanten glattbügeln lassen.

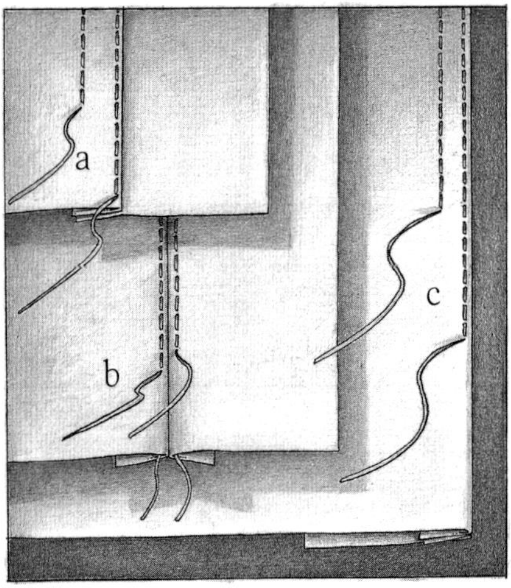

1

Doppelt absteppen auf einer Seite der Naht: Beide Nahtzugaben zu einer Seite kippen und gut bügeln. Die erste Stepplinie knappkantig an der Naht entlangnähen, die zweite steppfußbreit daneben steppen (a). Sie können die zweite Stepplinie auch breiter absteppen. Hauptsache, Sie fassen die Nahtzugabe noch mit. Sie können Nähte auch beidseitig schmal absteppen. Dann müssen Sie die Nahtzugaben auseinanderkippen (b). Das ist sehr praktisch bei Ledernähten oder Stoffen, die sich schlecht flachbügeln lassen. Hier sehen Sie, wie man Kanten doppelt absteppt (c).

Wohin die Nahtzugaben bügeln?

an Schulternähten	ins Vorderteil
an Seitennähten	ins Vorderteil
an Ärmelnähten	nach hinten
an Teilungsnähten	zur vorderen oder rückwärtigen Mitte
an Passenkanten	in die Passe
an Ärmeleinsatzkanten	ins Vorder- und Rückenteil
an Volantansatzkanten	nach oben
an Bündchenkanten	ins Bündchen

Verstürzen

Damit ist gemeint: eine Naht zusammensteppen, wenden, bügeln und meistens auch noch absteppen. Sie brauchen diese Technik, um Reverskanten (1), Kragen (2) und Bindebänder (3) nähen zu können.

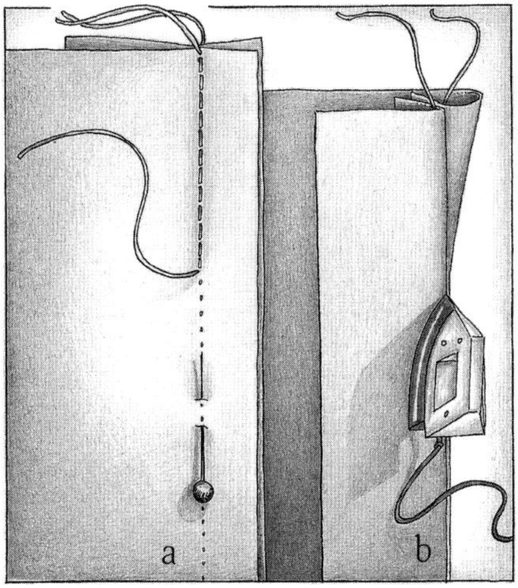

1

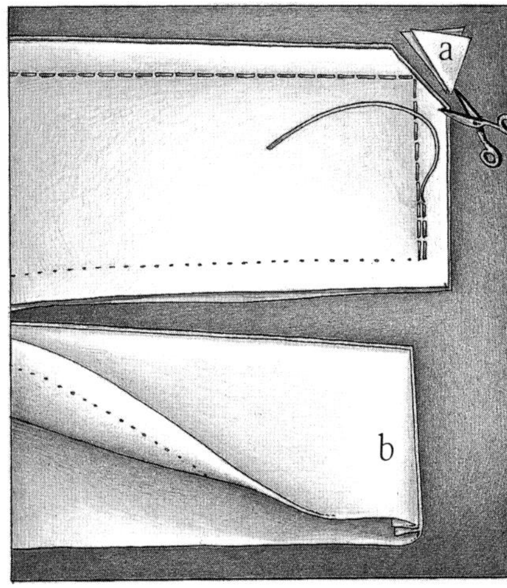

2

Zwei Stoffkanten rechts auf rechts aufeinanderlegen, feststecken und zusammensteppen (a). Die Nahtzugaben sollten etwa steppfußbreit sein. Nahtzugaben auseinanderbügeln, Sie können sich dadurch das Heften ersparen. Anschließend eine Stoffseite so wenden, daß die Nahtzugabe nun verdeckt zwischen beiden Stoffkanten liegt. Wichtig: Die Naht darf von der (rechten) Oberseite aus nicht zu sehen sein, soll also – wie hier (b) – kurz hinter der Kante liegen.

Kragenrand verstürzen: Ober- und Unterkragen rechts auf rechts legen. Nur bis zum Kragenansatzpunkt steppen. Fäden befestigen. Nahtzugaben an den Ecken schräg abschneiden (a), damit die Kanten (nach dem Wenden) flach werden. Kragenkante so heften, daß nur vom Unterkragen aus die Naht (b) zu sehen ist. Kragenkante vorsichtig bügeln, Heftfaden entfernen, Kragen noch einmal bügeln, so daß keine Einstiche mehr zu sehen sind.

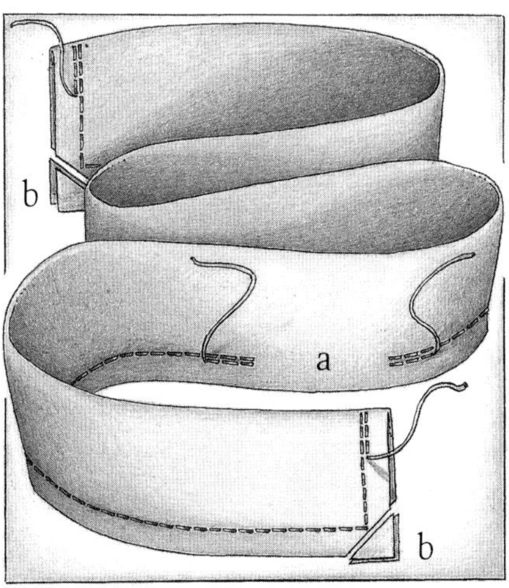

3

Beim Bindeband geht es zusätzlich um die Öffnung (a) zum Wenden. Sie liegt meistens in der Bandmitte und ist je nach Stoffstärke circa 4 bis 6 cm lang. Das Band zusammenlegen und steppen. Die Nahtzugaben an den Ecken (b) schräg abschneiden. Die Enden mit dem Daumen in den Tunnel schieben, dann einen Kochlöffelstiel zu Hilfe nehmen und das Band durch die Öffnung nach außen wenden. Die Kanten bügeln. Wird das Bindeband zusätzlich abgesteppt, schließt sich die Öffnung von selbst, sonst das Loch mit der Hand zunähen.

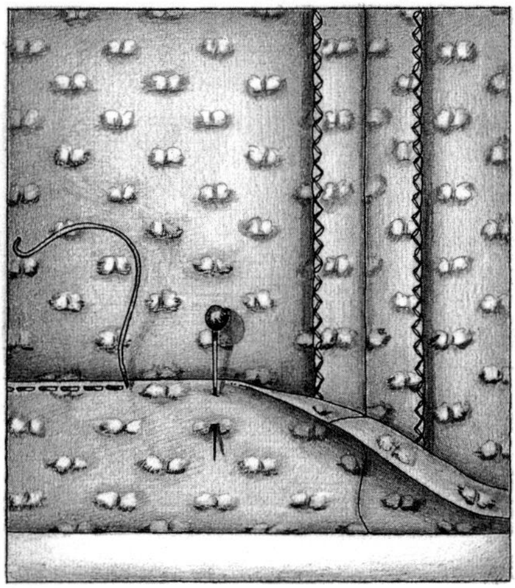

1

Breitgesteppter Rocksaum: Für Röcke aus geraden Stoffbahnen gilt: je dünner der Stoff, desto breiter der Saum. Den Saum schmal einkippen und ruhig mit der Maschine steppen. Das geht schneller und hält besser.

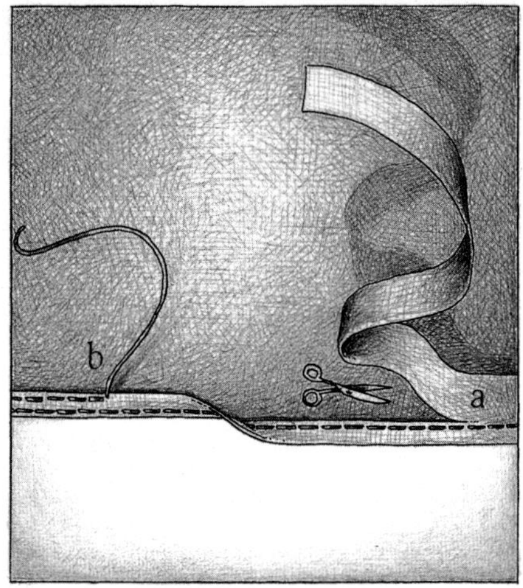

2

Schmalgesteppter Rocksaum: So wird ein extra schmaler Saum genäht: Die Stoffkante – ob an schräggeschnittenen oder geraden Kanten – umbügeln und knappkantig absteppen. Die Nahtzugabe (a) neben der Stepplinie abschneiden, die Kante wieder umkippen und noch einmal steppen (b).

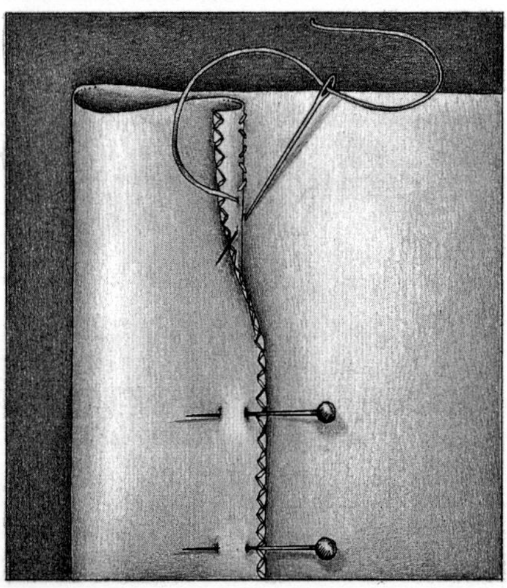

3

Handgenähter Rocksaum: Den Saum circa 4 bis 6 cm breit umbügeln. Die Kante mit Zickzackstichen versäubern und feststecken. Die Zickzackkante leicht nach außen umbiegen und den Saum mit lockeren Stichen annähen.

4

Glockenröcke abstecken: Als Hilfsmittel dient ein Schneiderwinkel (eine Holzlatte tut's auch). Beim Abstecken müssen Sie sich helfen lassen. Zum Rock gleich die passenden Schuhe anziehen.

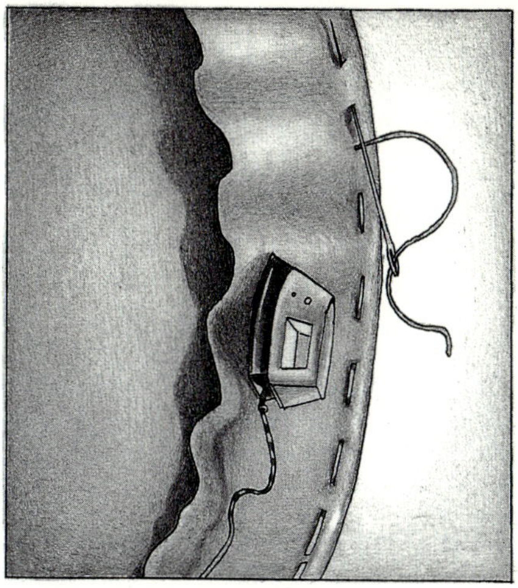

5

Saumweite einbügeln: Den Saum nach innen kippen, kurz hinterm Bruch durchheften und die überflüssige Weite mit dem Dampfbügeleisen einbügeln. Saumbreite abmessen (bis 3 cm), den Einschlag schmal einkippen, dabei möglichst keine Fältchen in die Kante legen und den Saum durchsteppen oder mit der Hand mit lockeren Stichen festnähen.

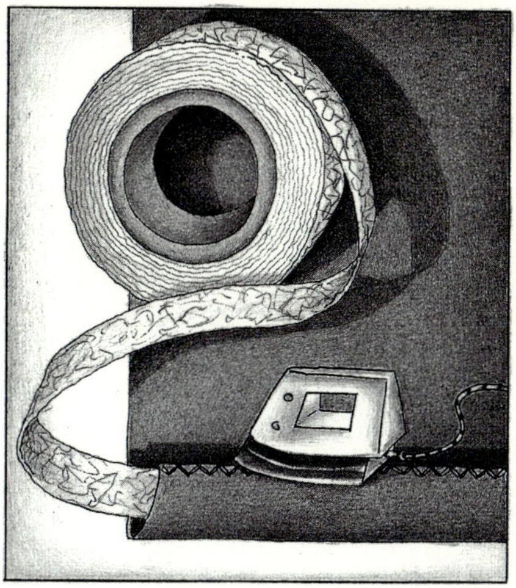

6

Geklebter Saum: Das gibt es auch: Saumfix zwischen beide Kanten legen und mit dem Bügeleisen durch Hitze und Druck festkleben. Erst nach circa 10 Minuten prüfen, ob's hält. Saumfix ist wasch- und reinigungsbeständig. (Der Saum läßt sich auch durch Hitze und Druck im noch erwärmten Zustand wieder lösen. Saumfixreste mit Watte und 90%igem Alkohol entfernen.)

Schräggeschnittene Stoffe müssen aushängen: Einen weiten Glockenrock sollten Sie ein paar Tage auf einem Spannbügel aushängen lassen, damit sich die Rocklänge nach dem Abstecken nicht mehr verändert.

Schlitzkanten

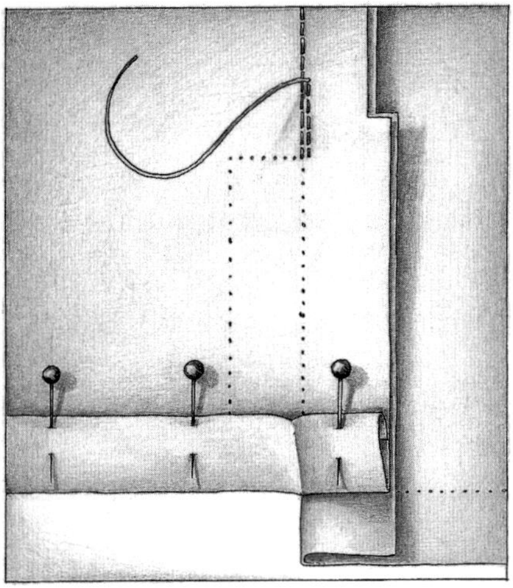
1

Für Schlitze zur Naht circa 3 bis 4 cm zugeben. Die Naht steppen, das Nahtende befestigen, dabei den Schlitz des Kleidungsstückes in der gewünschten Länge offenlassen. Zuerst den Saum umbügeln, dann einkippen und feststecken.

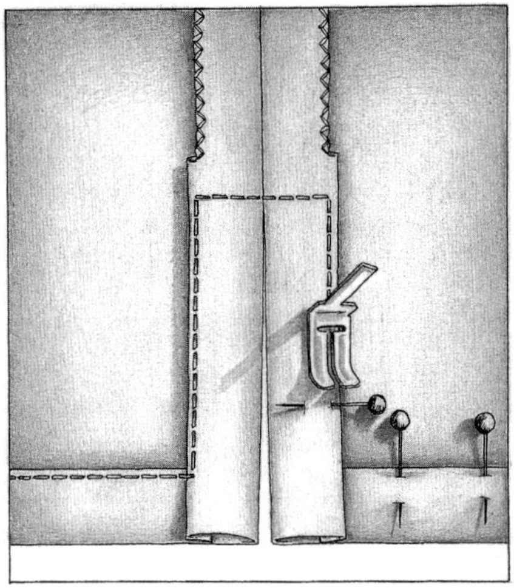
2

Die Schnittkanten an der zugesteppten Naht versäubern. Die Schlitzkanten knapp einkippen und feststecken. Saum- und Schlitzkanten in einem Arbeitsgang steppen.

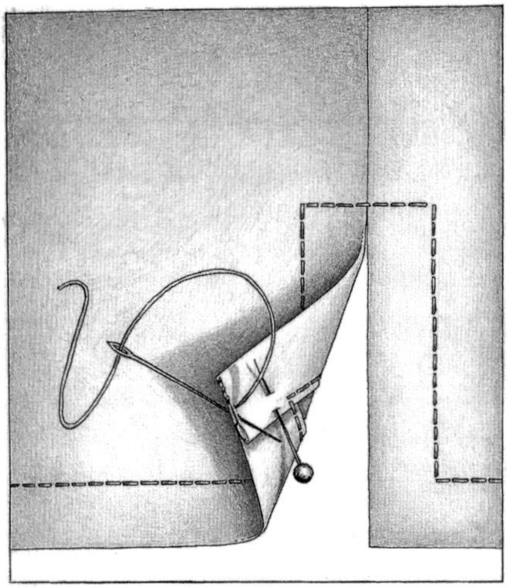
3

Die Saumecken mit der Hand mit kleinen Stichen festnähen. Sie erhalten schöne scharfe Schlitzkanten, wenn Sie die markierten Kanten erst einmal mit großen Maschinenstichen zuheften, dann bügeln und danach wieder auftrennen.

Auch Briefecken (rechte Seite) eignen sich für Schlitzkanten. Solche Saumecken sehen von beiden Seiten hübsch aus.

Briefecken steppen

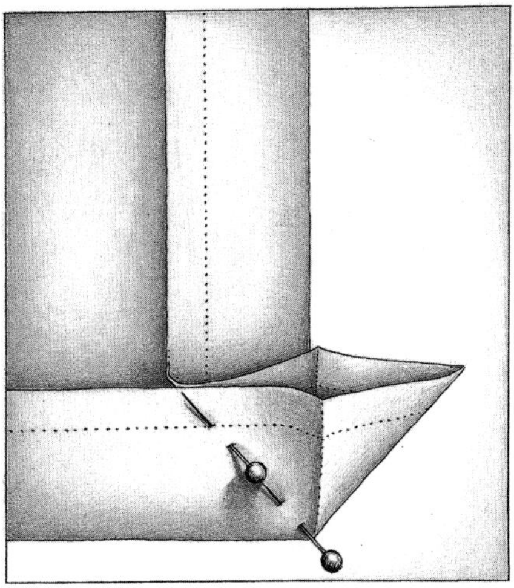

1

Die Nahtzugabe richtet sich nach der Blendenbreite plus 1 cm Einschlag. Den Saum auf die rechte Stoffseite kippen, die Kanten leicht anbügeln und die diagonale Naht zustecken. Wichtig beim Zustecken: die Bügelkanten müssen übereinanderliegen.

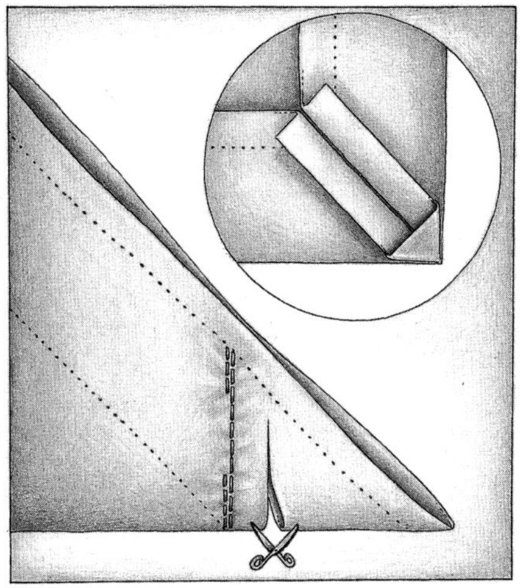

2

Die Naht nur bis zum Saumeinschlag zusteppen, dabei Anfang und Ende befestigen. Die Stoffecke abschneiden. Die Naht wie in der kleinen runden Zeichnung flachbügeln.

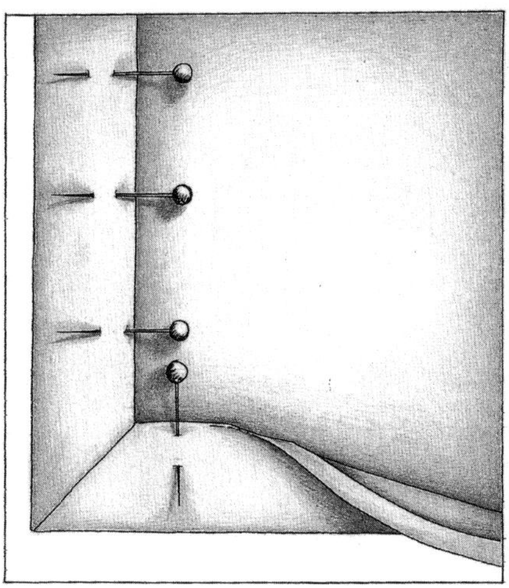

3

Nun den Blendensaum wieder nach links wenden, richtig fest einbügeln – evtl. mit Wasserdampf. Den Einschlag einkippen und feststecken.

4

Den Blendensaum knappkantig feststeppen, dabei langsam über die Stecknadeln steppen. In der kleinen Zeichnung ist die rechte Seite der Briefecke zu sehen.

Kanten einkräuseln und ansetzen

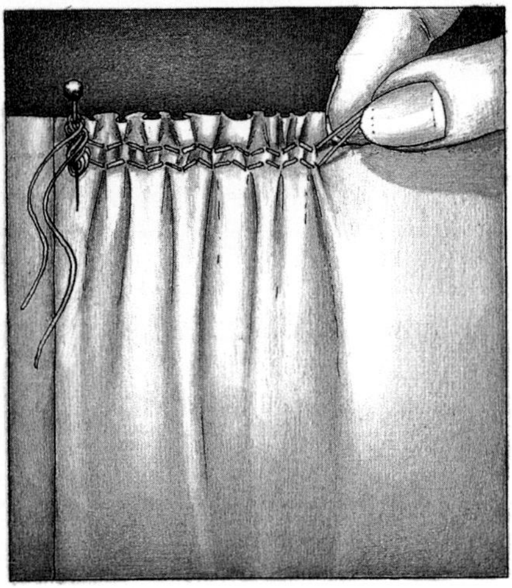

1

2

Gekräuselt wird überall dort, wo unterschiedliche Weite aufeinandertrifft. Zum Kräuseln den größten Geradstich einstellen und steppfußbreit auseinander zwei Linien steppen. Beim Einkräuseln entweder nur an den Oberfäden oder nur an den Unterfäden ziehen, niemals an beiden: Die Fäden zurren sich fest, nichts geht mehr. Die Kräusel gleichmäßig verteilen, die Steppfäden befestigen.

Ansetzen: Die Kräuselkante rechts auf rechts auf die glatte Ansatzkante legen. Die Stecknadeln quer einstechen. Die Kante von der Kräuselseite aus zwischen beiden Kräuselfäden feststeppen. Wenn Sie die Ansatzkante anschließend von der rechten Seite zusätzlich schmal absteppen, wird die Kante flacher.

Nähte und Ausschnittkanten mit Paspeln

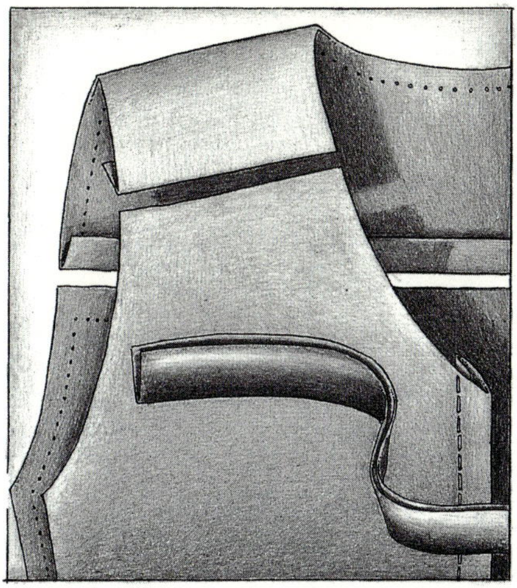

1

Sehr dekorativ sehen Passen- und Ärmelkanten mit eingeschobenen Paspeln aus. Die Methode ist ganz simpel: Bügeln Sie die Passenansatzkante nach innen. Schneiden Sie schmale Schrägstreifen aus andersfarbigem Stoff zu (siehe Seite 92) oder nehmen Sie fertiges Schrägband.

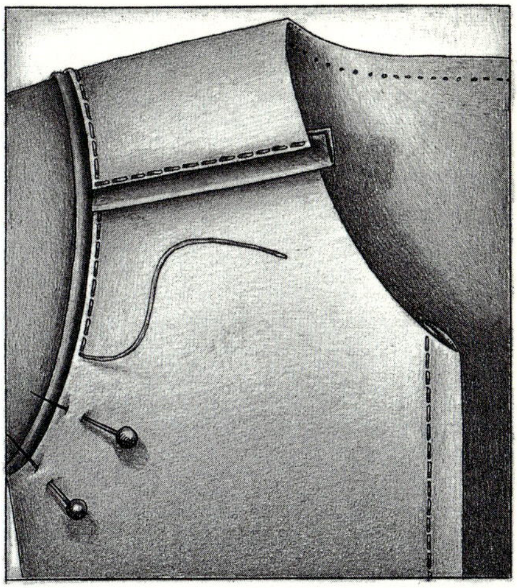

2

Heften Sie den gefalteten Schrägstreifen in der gewünschten Paspelbreite unter die Passenansatzkante. Legen Sie die Passe auf Vorder- und Rückenteil, und steppen Sie die Kanten knappkantig fest. Das können Sie auch am Armausschnitt machen.

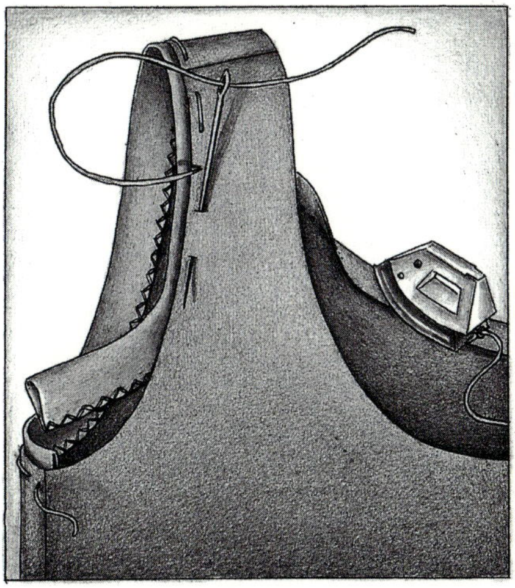

3

Die Arm- und Ausschnittkanten nahtbreit umbügeln. Gefaltetes Schrägband in Paspelbreite unter die Ausschnittkanten heften, dabei darauf achten, daß die Nahtzugaben nicht spannen.

4

Die Paspelkanten knappkantig feststeppen. Sollen die Paspeln circa 1 cm breit werden, müssen Sie das gefaltete Schrägband vor dem Unterheften genügend in Form bügeln, das heißt gut rundbügeln.

Kräuselbündchen: gesteppt wie ein Saum

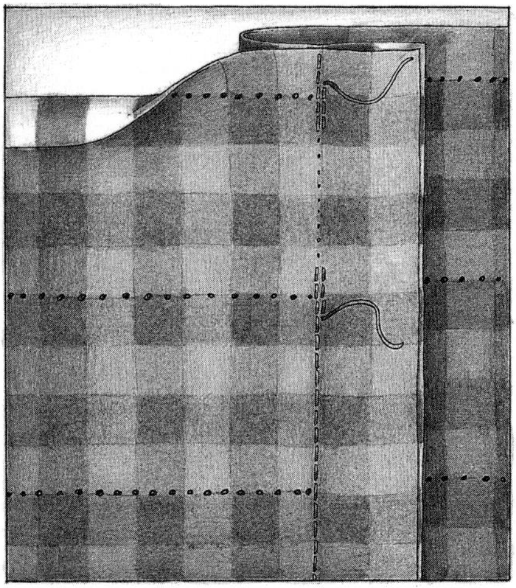

1

Beim Schließen der Seitennaht eine Öffnung fürs Gummiband lassen und Bündchenbreite vorbereiten: Bei zwei Tunnelreihen 3 cm Bündchenbreite, bei drei Tunnelreihen 5 cm Bündchenbreite.

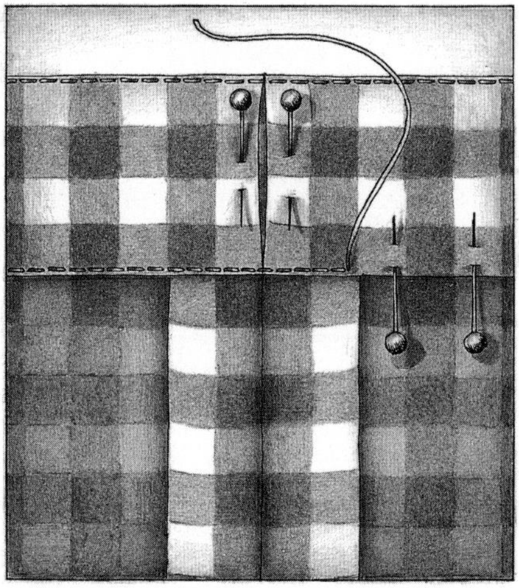

2

Den Bündchenbeleg umbügeln, einkippen und beide Kanten schmal absteppen. Öffnung zustecken.

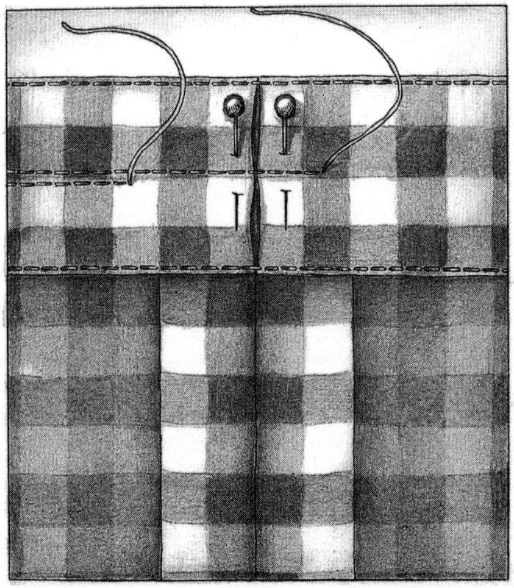

3

Die Bündchenmitte zweimal dicht nebeneinander durchsteppen, dadurch liegen nachher die Kräusel flacher.

4

Gummibänder auf Taillenweite abmessen, nicht zu kurz abschneiden und mit einer Sicherheitsnadel in die Tunnelreihen ziehen. Bequeme Bündchenweite ausprobieren und Gummibandenden 1 cm breit übereinandernähen.

Volant ansetzen und Spitze aufnähen

1

Den Volant einkräuseln (siehe Seite 62). Die glatte Ansatzkante nahtbreit nach innen umbügeln. Die Ansatzkante auf die Kräuselkante stecken und knappkantig feststeppen. Anschließend die Nahtzugaben zusammenkanteln.

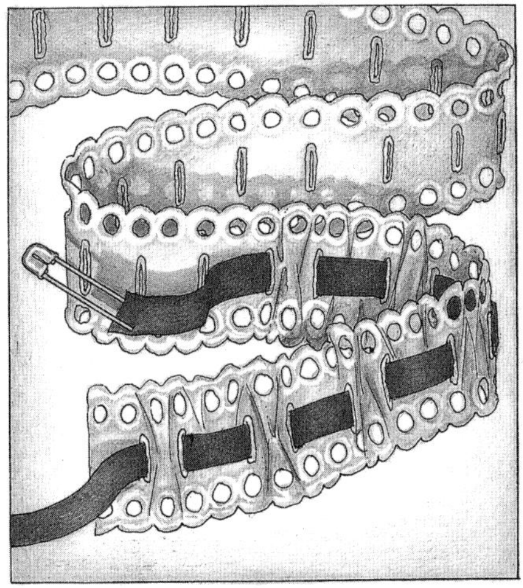

2

Erst Satinband einziehen: Das Band muß die gleiche Breite wie die Löcher in der Spitze haben. Nehmen Sie zum Einziehen eine Sicherheitsnadel zu Hilfe.

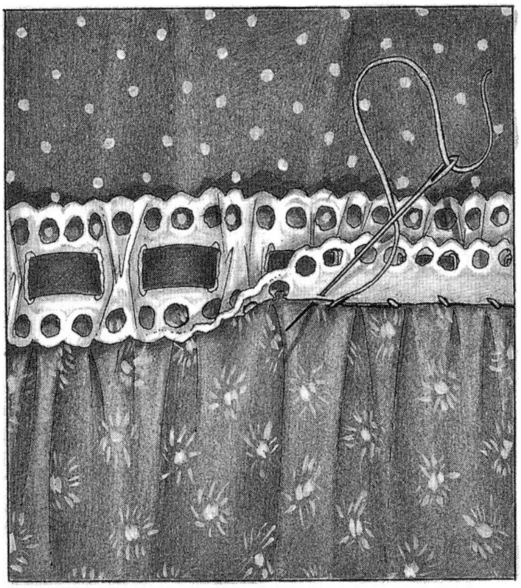

3

Die Spitze soll gekräuselt über dem Volantansatz liegen, aber das Satinband muß glatt bleiben. Stecken Sie die Spitze fest, bevor Sie sie mit der Hand mit großen Stichen aufnähen.

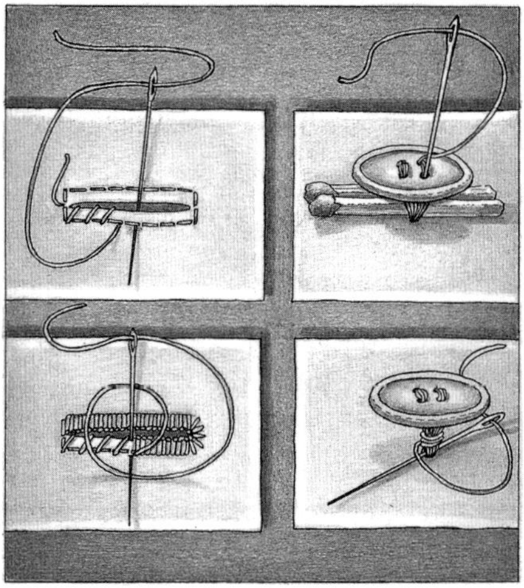

Handgenähtes Knopfloch: Das Knopfloch einzeichnen und vor dem Einschneiden schmal umsteppen, damit nichts verrutscht. Die Schlitzkanten umstechen (a). Den Knopflochstich von rechts nach links arbeiten: eine große Fadenschlinge legen, die Nadel durch den Schlitz führen und kurz hinterm Steppstich wieder ausstechen. Nadel und Faden durchholen und die Verschlingung an der vorderen Schnittkante festziehen (b). Maschinengenähte Knopflöcher werden in den einzelnen Bedienungsanleitungen für Nähmaschinen beschrieben.

Vierlochknopf annähen: Der Stiel richtet sich nach der Stoffbeschaffenheit: je dicker die Stoffschichten, desto länger der Stiel. Bei sehr dünnen Stoffen können Sie auf den Stiel verzichten. Für gleichmäßige Länge sorgen zwischengeschobene Streichhölzer (c). Zum Annähen einen doppelten Faden nehmen und mit einem Knoten beginnen. Durch jedes Loch drei bis vier Stiche nähen, Streichholz herausziehen, Stiel ein paarmal umwickeln (d) und Faden auf der Unterseite befestigen.

Hat ein Knopf viel zu halten oder ist der Stoff sehr dünn, sollten Sie zur Verstärkung einen flachen Knopf oder ein klein zusammengefaltetes Stoffstück von unten dagegennähen.

Angesetztes Rockbündchen mit Einlage

1

Die Länge des Bündchens richtet sich nach der Taillenweite (plus 6 cm Zugabe), die Bündchenbreite meistens nach der Einlage. Bundfix mit trockener Hitze (Einstellung auf Wolle circa 150° C) vorsichtig aufbügeln: Bügeleisen nicht schieben, immer wieder neu aufsetzen. Die Kanten des Rockschlitzes nach innen umsteppen. Die Bündchenansatzkante einkräuseln (sh. S. 62).

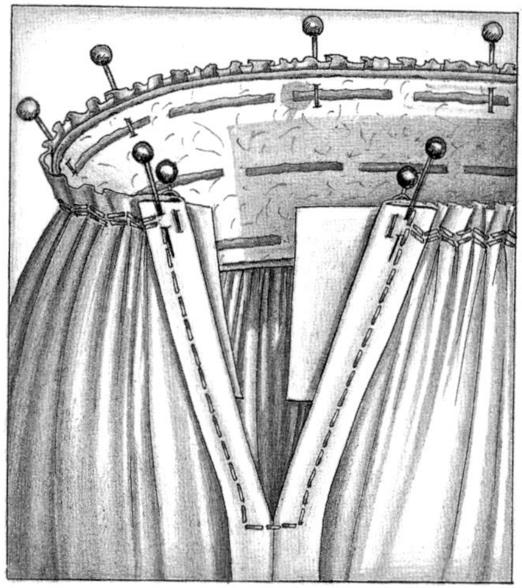

2

Rock und Bündchenweite durch vier teilen und markieren. Für den Obertritt am Bündchen 1 cm und für den Untertritt 3 cm zugeben. Beides rechts auf rechts legen und zuerst nur an den Seiten und an der vorderen und rückwärtigen Mitte feststecken. Die Kräusel vorn und hinten mehr zur Mitte schieben, damit die Seiten nicht zu stark auftragen. Bündchen rundherum feststecken.

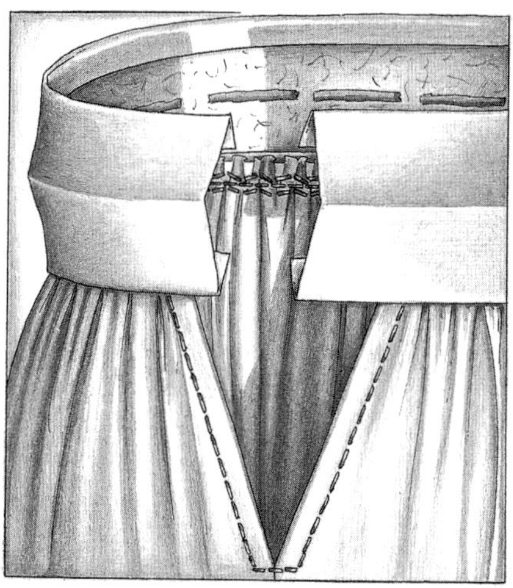

3

Von der Bündchenseite aus genau in der Stanzlinie vom Bundfix entlangsteppen und das Bündchen nach oben kippen. Die Bündchenkanten in der Mitte und am Beleg nach innen umbügeln.

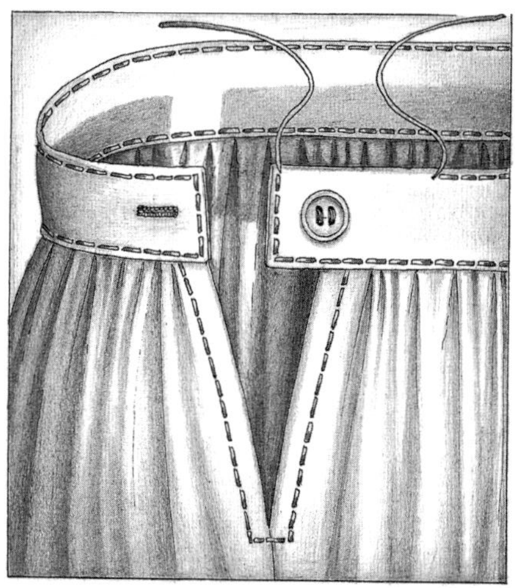

4

Die schmalen seitlichen Verschlußkanten einkippen. Beleg festheften oder mit der Hand säumen und dann Bündchen knappkantig absteppen. Den Verschluß mit Knopf und Knopfloch schließen.

Rock mit Spitzenabschluß

1

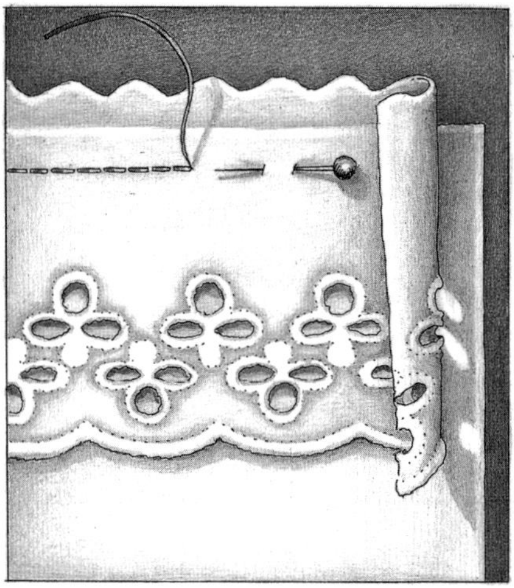

2

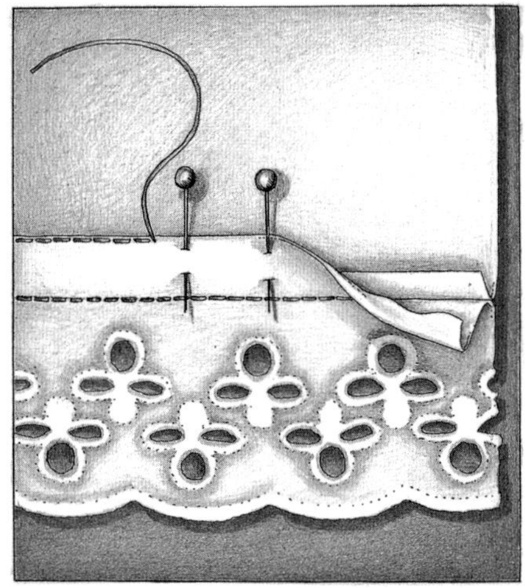

Wenn Sie einen Rock nähen, zu dem ein Unterrock mit angesetzter Spitze gehört (zum Beispiel der Rock von Seite 24/25): Bevor Sie die Spitze an den Unterrock steppen, unbedingt beide Röcke mit fertigen Rockbündchen übereinander anprobieren, um die genaue Rocklänge abstecken zu können. Die Spitze wird mit einer Kappnaht (siehe Seite 55) an den Unterrock gesteppt.

<u>Kräuselweite bei Röcken und Rüschen:</u> Bei Stufen- oder Volantröcken ist 1,40 m die ideale Stoffbreite, weil Sie dann mit einer Stoffbahn für die obere Rockstufe und mit zwei Stoffbahnen für den Volant auskommen. Allgemein gilt: Je dünner der Stoff, desto mehr Weite kann der Rock vertragen. Bei Rüschen glatte Ansatzkante ausmessen und doppelte Weite für die Rüsche zuschneiden. Die Rockweite am Bündchenansatz so verteilen, daß der Rock vorn und hinten stärker gekraust ist als an den Seiten. Das macht schlanker.

Kräuselbündchen – extra ansetzen

1

Das Bündchen mindestens 90 cm lang (Hüftweite) und 12 cm breit zuschneiden. Den Streifen nur halb zum Ring schließen, den Beleg (hier von außen zu sehen) offenlassen. Die Ansatzkante des Bündchens nahtbreit umbügeln. Die Rock- oder Hosenkante einkräuseln (siehe Seite 62).

2

Um die Weite gleichmäßig zu verteilen, Rock- und Bündchenansatzkante jeweils in Viertel teilen und markieren. Das Bündchen auf die Kräuselkante stecken und knappkantig feststeppen.

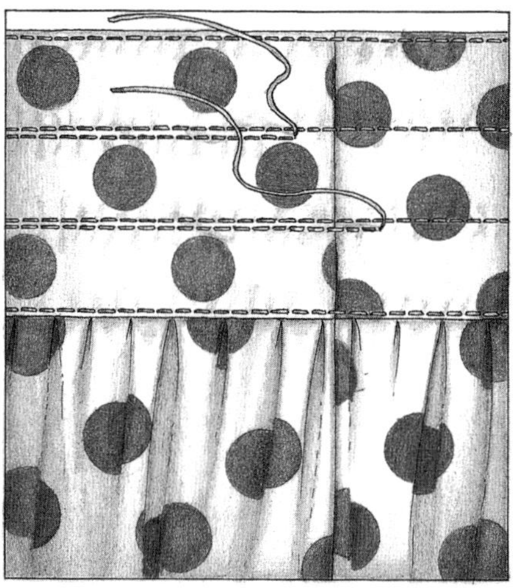

3

Den Beleg mit der Hand von innen gegensäumen. Die obere Bündchenkante schmal absteppen. Die Tunnelreihen wie gewünscht aufteilen und steppen, am besten zweimal nebeneinander, dadurch liegen die Kräusel flacher.

4

Gummiband einziehen, bequeme Taillenweite ausprobieren und Gummibandenden entweder wie oben kreuzweise übereinandersteppen oder mit der Hand festnähen. (Die Zeichnung zeigt die linke Seite.)

Seitennahttaschen einarbeiten

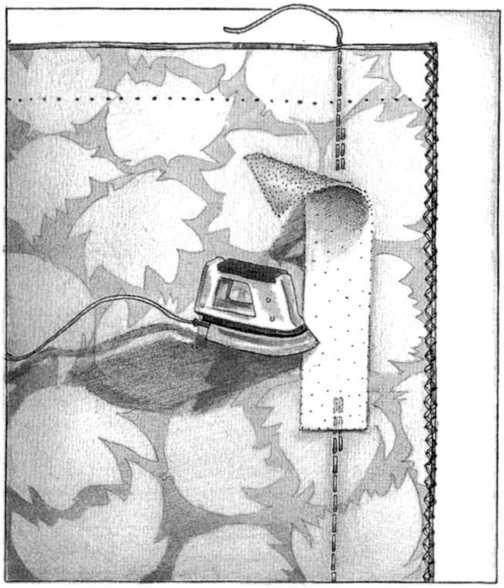

1

Für den Taschenschlitz 15 cm offenlassen. Bei dünnem Stoff nur am Vorderteil einen Vlieseline-streifen (20 cm x 2 cm) über den Tascheneingriff bügeln.

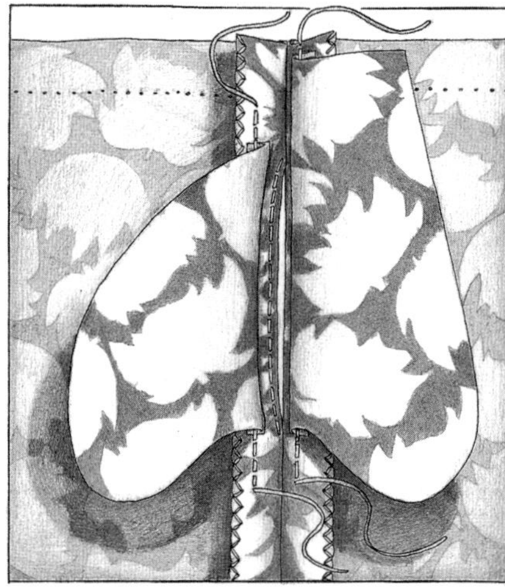

2

Naht und Schlitzkanten auseinanderbügeln. Nur den vorderen Tascheneingriff knappkantig absteppen. Den kleinen Taschenbeutel an das Vorderteil steppen und den großen Taschenbeutel dicht an der Schlitzkante am Rückenteil feststeppen.

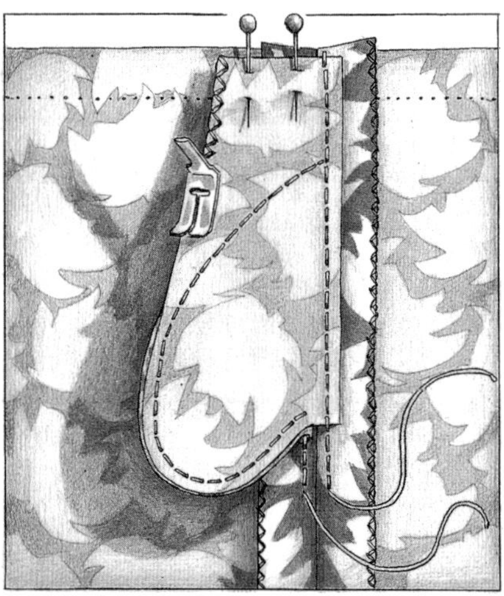

3

Den großen Taschenbeutel ins Vorderteil kippen und die Taschenbeutelkanten zusammensteppen. Die Schnittkanten mit Zickzackstichen versäubern. Beim Bündchenansetzen die obere Taschenbeutelkante mitfassen.

4

Wenn ein Kleidungsstück keine Taillennaht hat, werden nur zwei kleine Taschenbeutelteile genommen. Bei dickeren Stoffen kann der vordere Taschenbeutel auch aus einem dünnen Futterstoff genäht werden.

Verschlußloses Rockbündchen aus Anorakgummi

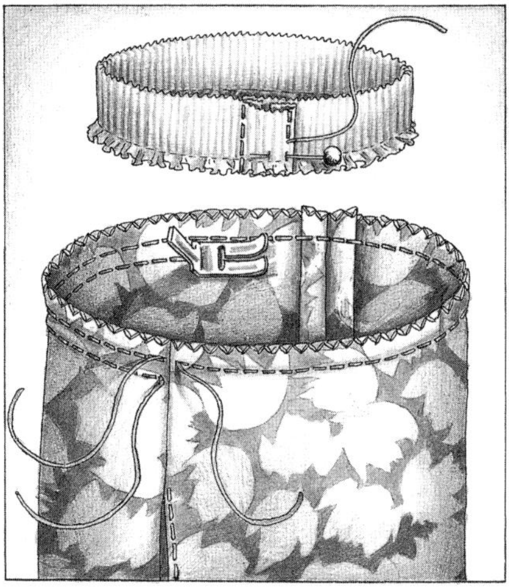

1

Anorak- oder Rippengummi mit Kappnaht (siehe Seite 55) zum Ring zusammensteppen. Rocknähte schließen und Ansatzkante einkräuseln (siehe Seite 62).

2

Vordere und rückwärtige Rockmitte markieren, indem Sie hier mit der Schere knapp einschneiden.

3

Die Weite des Anorakgummis durch vier teilen. Das Bündchen zuerst auf Rockmitte und Seitennähte stecken. Danach die restliche Kante feststecken, dabei die Kräusel gut verteilen.

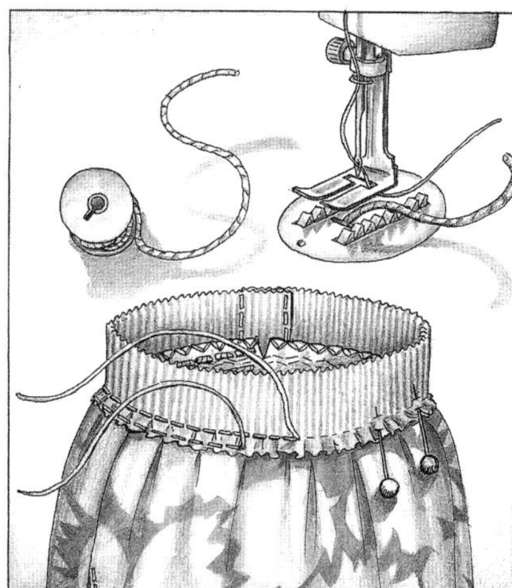

4

Zum Feststeppen oben Nähgarn einfädeln, unten einen elastischen Nähfaden mit der Hand locker auf die Spule der Nähmaschine wickeln. Die Stichlänge auf 4 stellen und die Kante zweimal feststeppen: zuerst die breitere, danach die schmale Kante steppen.

Schräge Rockseitentaschen

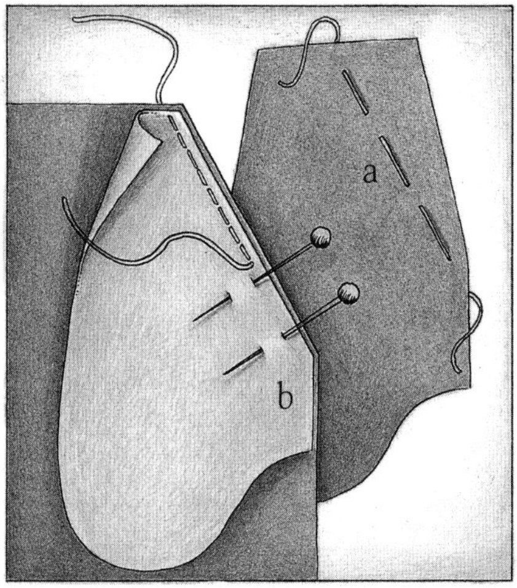

1

Die Anstoßlinie im Taschenteil (a) nach rechts kennzeichnen. Den Taschenbeutel (b) nach dem Taschenteil zuschneiden (kann bei dickeren Stoffen aus Taftfutter sein). Den Taschenbeutel rechts auf rechts an den Tascheneingriff legen und nahtbreit feststeppen.

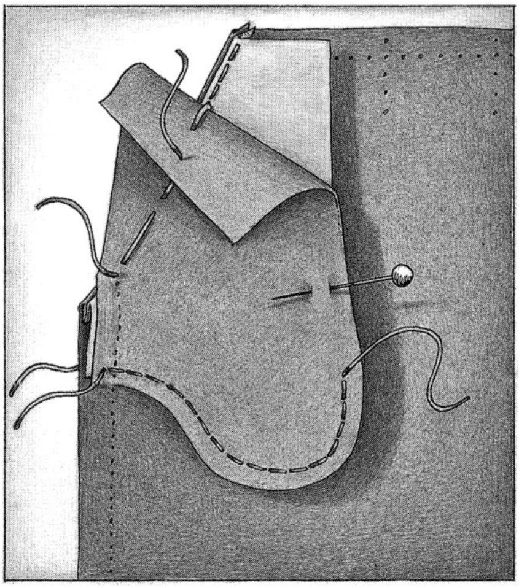

2

Den Taschenbeutel nach innen wenden und den Tascheneingriff knappkantig absteppen. Das Taschenteil gegen den Taschenbeutel stecken und die runde Beutelform schließen.

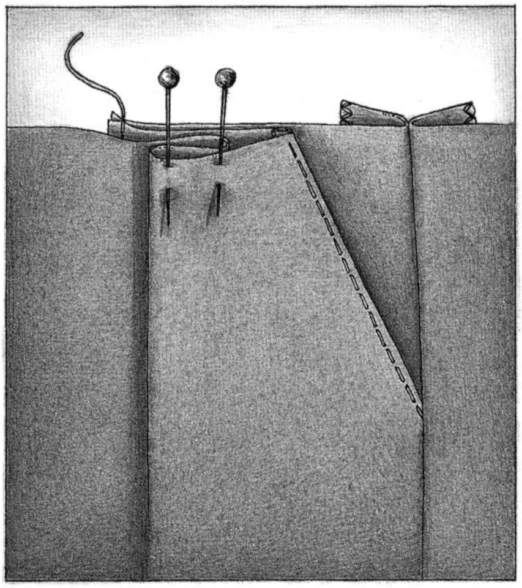

3

Beim Steppen der Seitennaht wird automatisch die restliche Naht des Taschenbeutels geschlossen. Unsere Röcke von Seite 29 haben Bundfalten, sie werden zuerst eingelegt. Danach obere Taschenbeutelkanten an der Bündchenkante feststecken.

Nietendruckknöpfe einschlagen

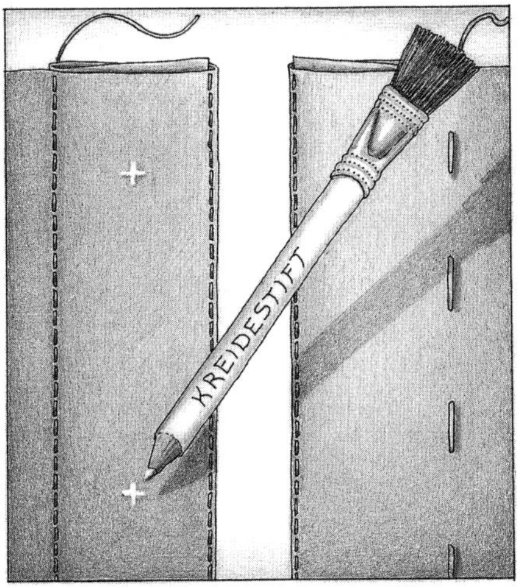

1

Mit einem Kreidestift in gleichmäßigen Abständen kleine Kreuze in die Blendenmitte einzeichnen. Ein Nietendrucker besteht aus vier Einzelteilen: Ober- und Unterdrucker mit je einem Gegenstück.

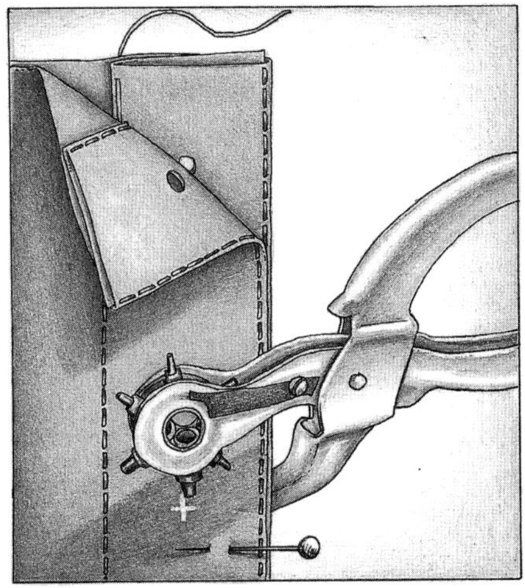

2

Wenn Sie eine Lochzange besitzen, können Sie in beide Blendenkanten gleichzeitig Löcher stanzen. Dann müssen aber Ober- und Untertritt der Blende genau aufeinanderliegen. Den Nietendruckknöpfen liegt ein Stanzstift bei, damit stanzen Sie die Löcher einzeln in beide Blendenkanten.

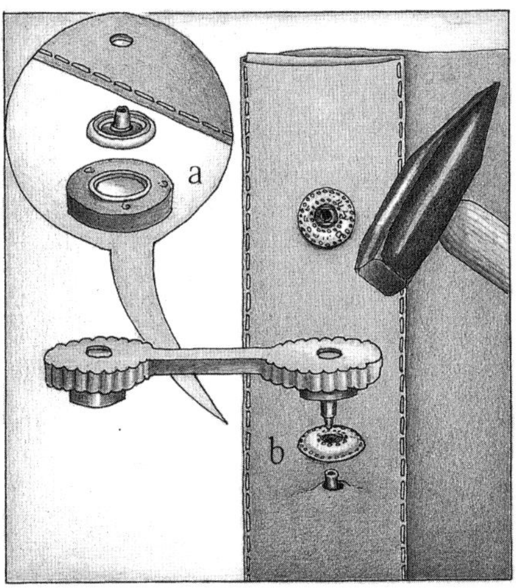

3

Nieten einschlagen geht am besten auf dem Fußboden. Den Oberdrucker in die Mulde des Kunststoffteils legen (a) und das Blendenloch (rechte Blendenseite unten) draufstecken. Das Gegenstück des Druckers und die Lasche mit dem Nippel (b) drauflegen, alles gut festhalten, damit nichts verrutscht und zwei- bis dreimal mit dem Hammer kurz draufschlagen.

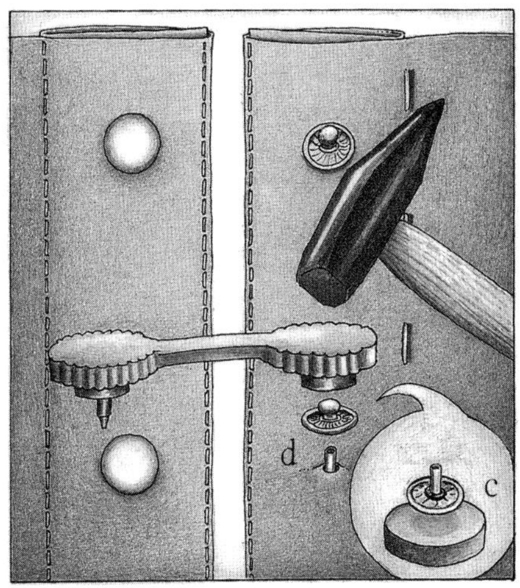

4

Hier ist der Unterdrucker dran: das Gegenstück auf die glatte Seite vom Kunststoffteil legen (c), Blendenloch (rechte Blendenseite oben), Unterdrucker und Lasche ohne Nippel (d) draufstecken, dann festschlagen.

Gürtelschlaufen oder Träger

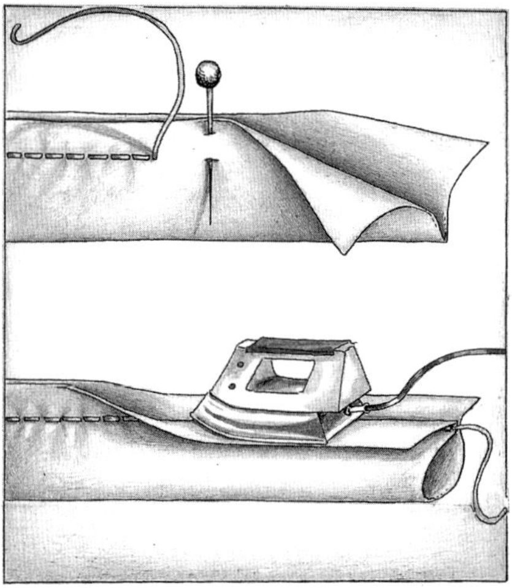

1

Alle Gürtelschlaufen in einem Stück zuschneiden. Erst fertignähen, dann in Einzelteile schneiden. Einen etwa 3 cm breiten Streifen rechts auf rechts zusammenlegen, steppen und die Steppfäden circa 15 cm hängenlassen. Wenn Sie die Nahtzugaben vor dem Durchziehen schon mal mit der Bügeleisenspitze auseinanderbügeln, läßt sich der Streifen nachher besser flachbügeln.

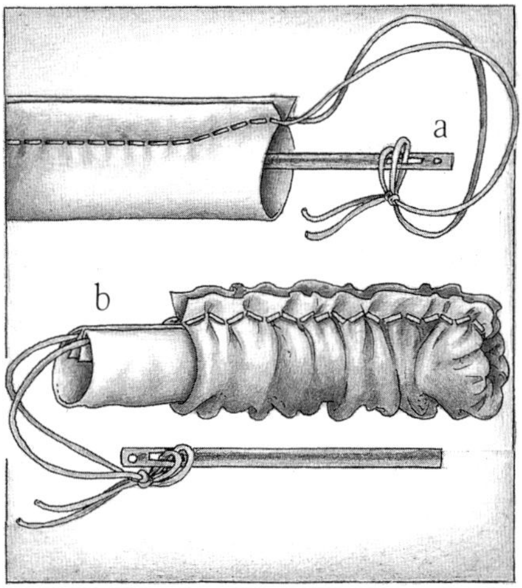

2

Die Steppfäden an einer stumpfen Durchziehnadel festknoten und die Nadel in den Tunnel schieben (a). Eine Stopfnadel geht auch, wenn Sie das Nadelör zuerst in den Tunnel schieben. Die Nadel langsam voranschieben, dabei den Stoff Stück für Stück durch den Tunnel ziehen (b).

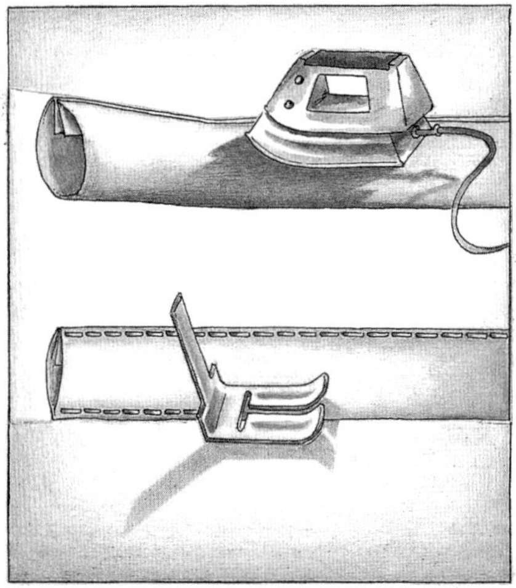

3

Den durchgezogenen Streifen glattbügeln, dabei darauf achten, daß die Naht nur von links zu sehen ist. Beide Kanten schmal absteppen. Normale Breite für fertige Gürtelschlaufen und Träger circa 1 cm.

Gürtelschlaufen auf die schnelle: Einen geraden Streifen zuschneiden, Kanten gegeneinander einkippen und zusammensteppen.

Für sogenannte Spaghettiträger, ganz schmale Röllchen oder Schlingen, müssen Sie unbedingt schräggeschnittenen Stoff nehmen (Schrägstreifen zuschneiden siehe Seite 92).

Rock- oder Hosenbündchen mit Gürtelschlaufen

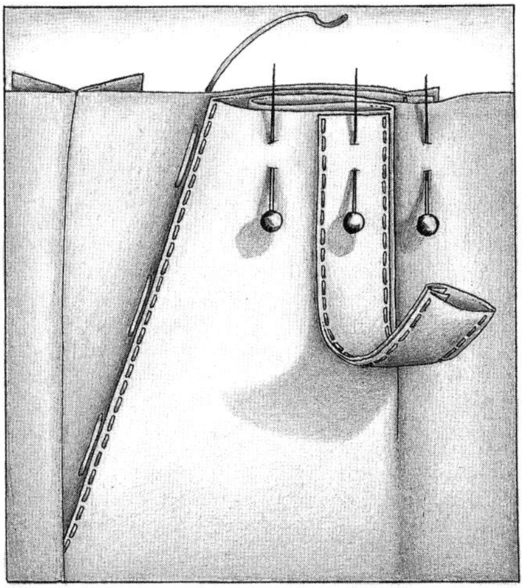

1

Bevor Sie das Bündchen annähen, müssen Sie die fertigen Gürtelschlaufen (siehe links) feststecken. Der Flanellrock von Seite 29 kann zum Beispiel fünf Gürtelschlaufen haben (je 6 cm lang). Wie sie verteilt werden, sehen Sie in der ovalen Skizze in Zeichnung 3.

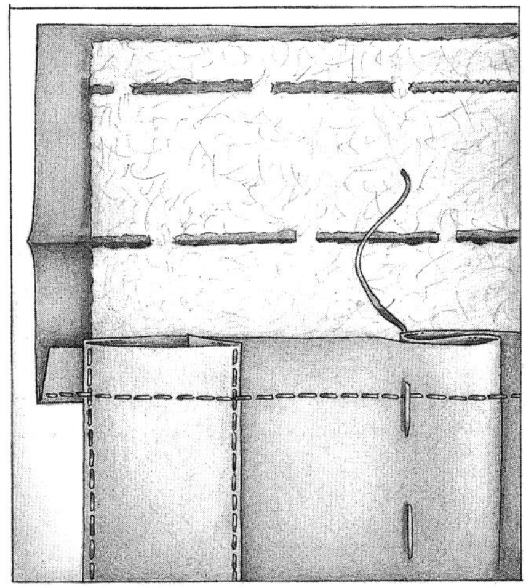

2

Bundfix-Einlage mit trockener Hitze (Einstellung auf Wolle circa 150° C) vorsichtig auf das Bündchen bügeln und in der Stanzlinie umkippen. Bündchen feststecken und knappkantig auf den Rock steppen. Hier ist die vordere Rockkante von links zu sehen.

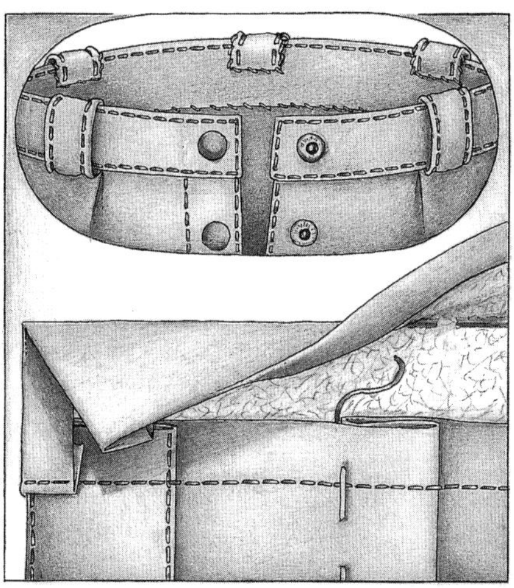

3

Die Nahtzugabe an der vorderen Bündchenkante nach innen kippen. Den Bündchenbeleg einkippen und gegen die Stepplinie säumen. In der kleinen ovalen Zeichnung sehen Sie das fertige Rockbündchen mit Gürtelschlaufen und Nietenverschluß.

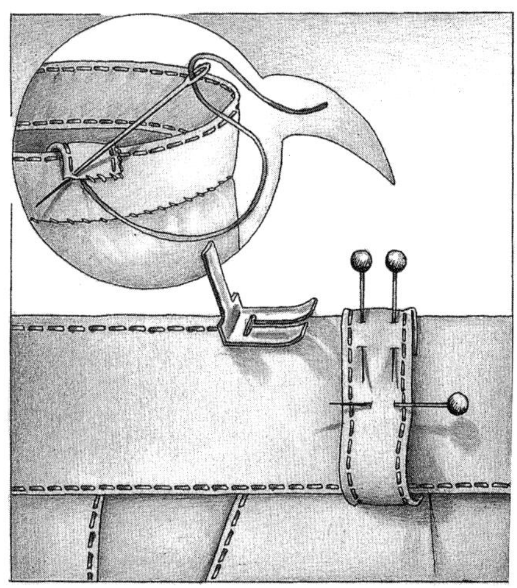

4

Bündchen absteppen. Gürtelschlaufen können Sie auf zweierlei Art befestigen: entweder vor dem Absteppen hochkippen, Enden gegen die Bündchenkante einschlagen und beim Absteppen mitfassen. Oder nach dem Absteppen über die Bündchenkante in den Rock kippen und auf der Innenseite mit der Hand festnähen (siehe kleine Zeichnung).

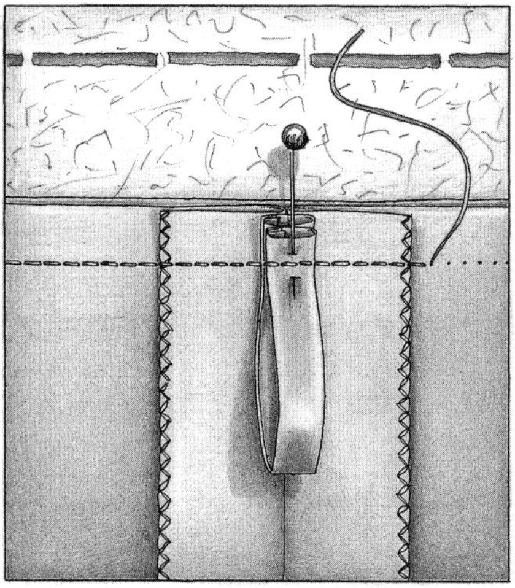

1

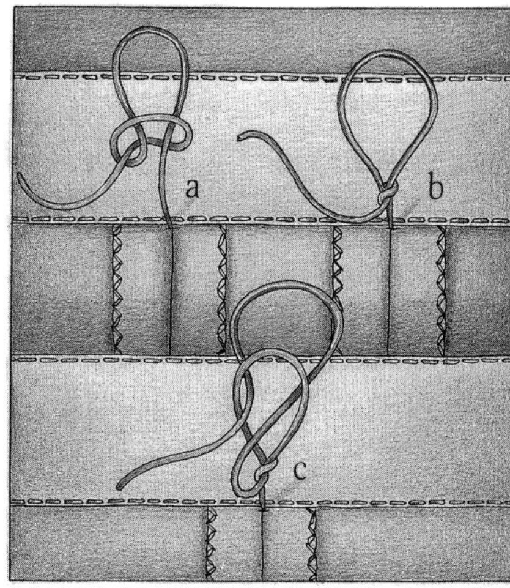

2

Rockaufhänger können Sie aus dem Stoff des Rockes oder aus Taft „durchziehen" wie Gürtelschlaufen (siehe Seite 74). Oder Sie nähen gekauftes Aufhängerband ein: Band doppelt legen und von innen nur am Bündchenansatz annähen, weil die Aufhänger beim Tragen leicht herausgucken.

Gehäkelte Aufhänger sind dünn, schnell gemacht und erfüllen den gleichen Zweck: Einen doppelten Nähfaden (Faden ist hier nur einzeln gezeichnet) am Bündchenansatz befestigen. Eine Schlinge (a) legen, den Faden durchholen und die Schlinge (b) bis zum Ansatzpunkt festziehen. Den Faden durch die Schlaufe (c) ziehen und so oft wiederholen, bis die Kette lang genug ist.

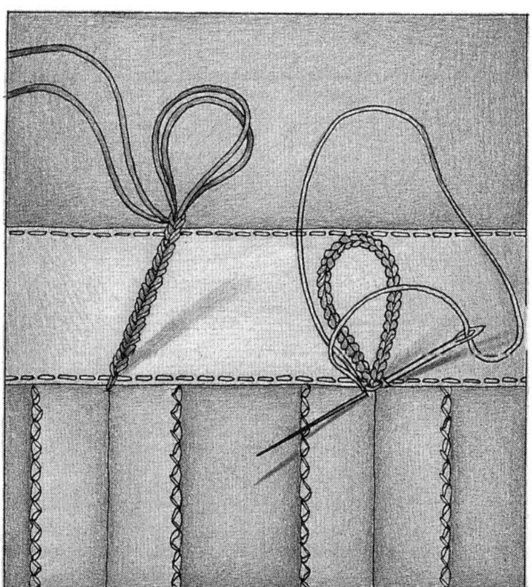

3

Die letzte Schlaufe gut befestigen. Nadel und Faden durch die letzte Schlaufe ziehen (verhindert das Aufribbeln) und Aufhänger am Ansatzpunkt festnähen.

Schlitzfalte nähen

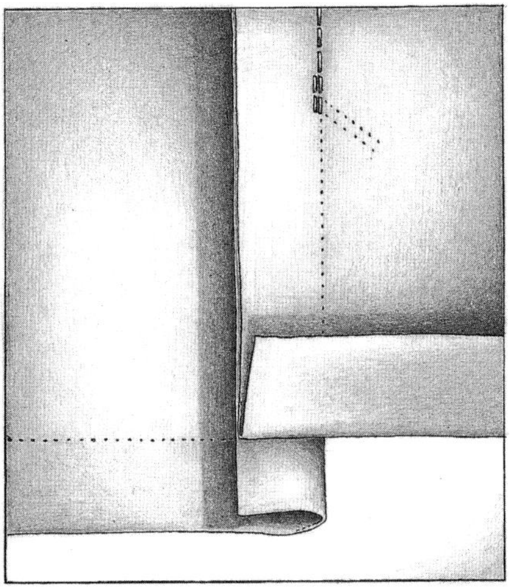

1

Für Schlitzbeleg, Untertritt und Saum dem Schnitt 6 cm zugeben. Die Mittelnaht bis zum Schlitzende zusteppen und befestigen. Die Untertrittseite ist hier an der linken Vorderteilhälfte. Den Saum am Obertritt hochkippen.

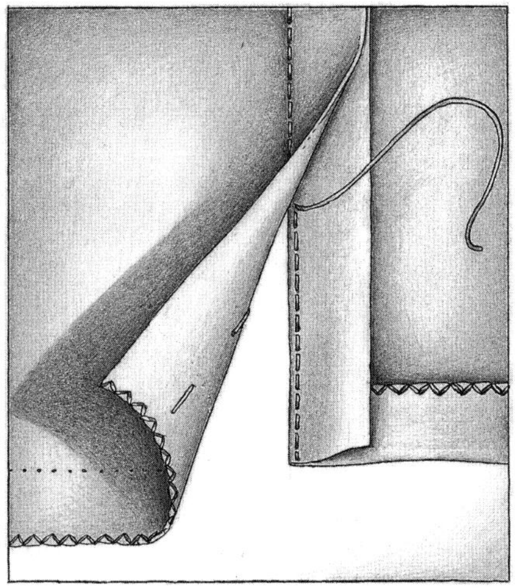

2

Die Schlitzlinien mit einem Heftfaden nach rechts kennzeichnen. Den Saum mit Zickzackstichen versäubern. Den Schlitzbeleg am Obertritt nach innen kippen, danach Schlitz und Saum bügeln. Die Schlitzkante schmal absteppen.

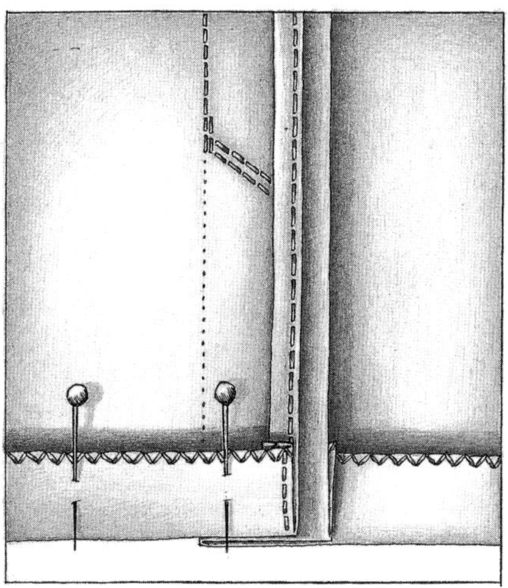

3

Die Kanten am Untertritt nur nahtbreit umbügeln und absteppen. Ober- und Untertritt aufeinanderstecken und zwei Querstepplinien von der rechten Seite durch alle Stofflagen steppen. Steppfäden nach links durchholen und verknoten. Rocksaum feststecken und säumen (siehe Seite 58).

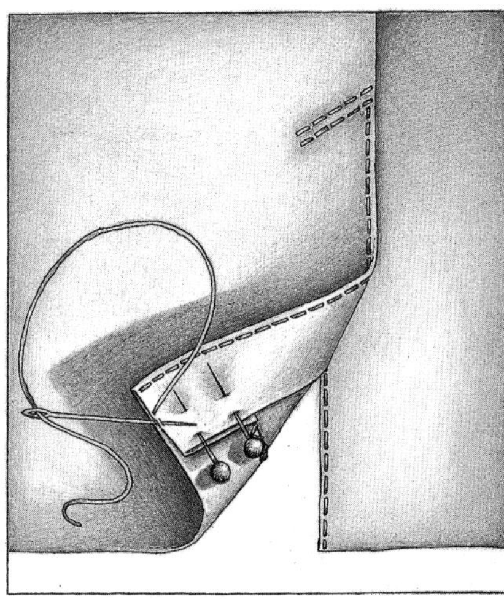

4

Am Obertritt den Schlitzbeleg feststecken und die Kanten mit der Hand an Länge und Saum nähen. Am Untertritt Kante ebenfalls festnähen. (Die Zeichnung zeigt den Schlitz von der rechten Seite.)

Reißverschluß einnähen

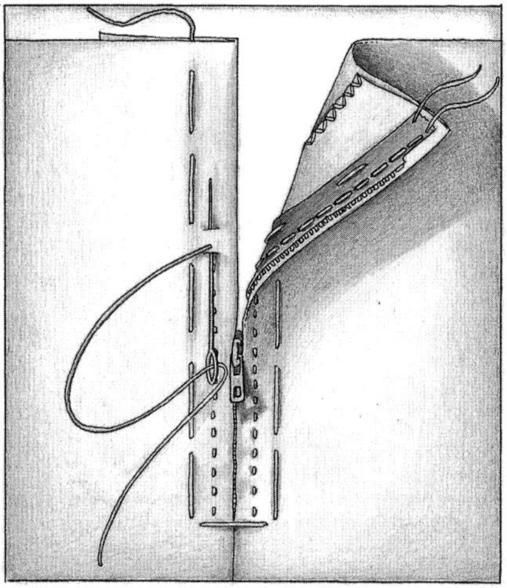

1

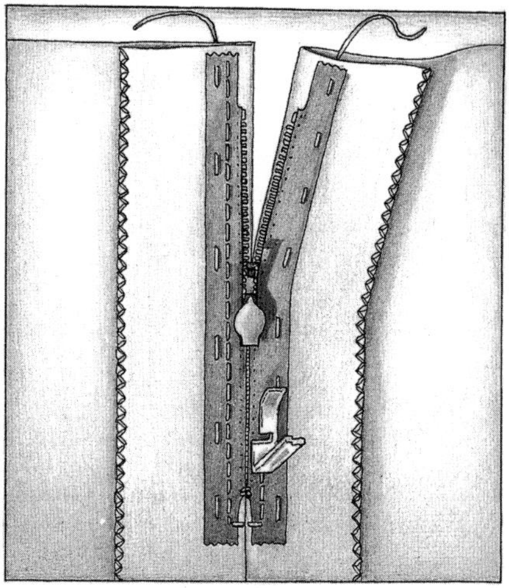

2

Von Hand einnähen: Schlitzkanten scharf einbügeln. Den Reißverschluß unter den Schlitz stecken, zuziehen, auf glatt gegeneinanderstoßende Stoffkanten achten und einheften. Kleiner Trick beim Einnähen: Die Nähnadel kurz hinterm Ausstich wieder einstechen, Faden durchholen und festziehen (unterwärts sind die Stiche etwa 5 mm lang).

Mit der Maschine einsteppen: Den Reißverschluß einheften wie bei Zeichnung 1. Den halben Nähfuß einsetzen. Den geöffneten Reißverschluß von der Innenseite aus einsteppen: links oben beginnen, nach etwa 8 cm anhalten, Maschinennadel im Stoff steckenlassen und Nähfuß hochstellen. Nun erst den Schieber des Reißverschlusses hinter die Nadel ziehen, Näßfuß wieder senken und weitersteppen. Die Quersteppstiche vorsichtig steppen, damit die Nadel nicht abbricht.

Beim verdeckt eingesteppten Reißverschluß ist die vorgeschobene Nahtzugabe am Untertritt abhängig von der Stepplinie am Obertritt. In der Regel ist die Stepplinie am Obertritt 2,5 cm breit und die vorgeschobene Nahtzugabe am Untertritt ab „vordere Mitte“ 1,5 cm breit.

Reißverschluß einnähen

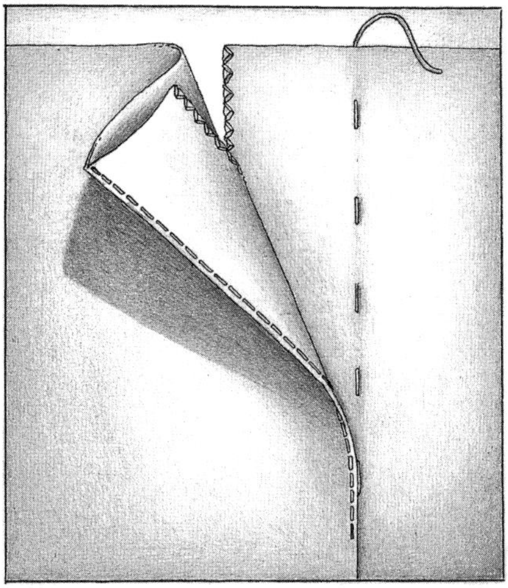

3

Verdeckt einsteppen: Für die Belege mindestens 3 cm breite Nahtzugaben zugeben. Die Naht bis zum Schlitzende zusteppen und befestigen. Den Stoffbruch am Obertritt scharf einbügeln und eventuell zusätzlich schmal absteppen. Die „vordere Mitte" am Untertritt mit einem Heftfaden nach rechts kennzeichnen.

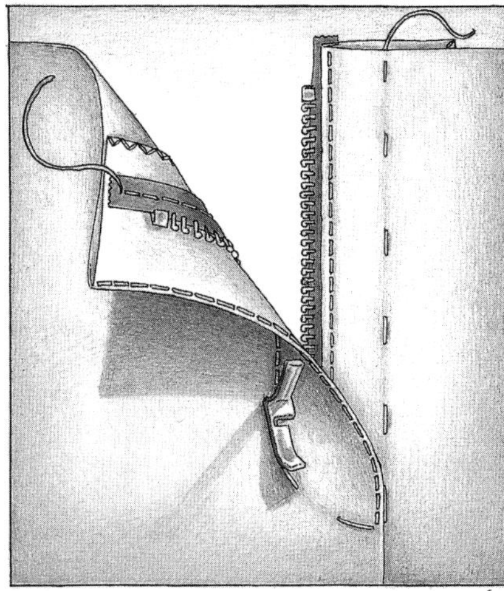

4

Nun die Nahtzugabe am Untertritt umbügeln und den Stoffbruch knappkantig auf das Reißverschlußband steppen. Die Stepplinie am Obertritt vorzeichnen (ideal geht das mit einem Markierstift, weil dessen Striche nach einiger Zeit wieder verblassen). Das Reißverschlußband unter den Obertritt heften und in der vorgezeichneten Linie mit dem halben Nähfuß feststeppen.

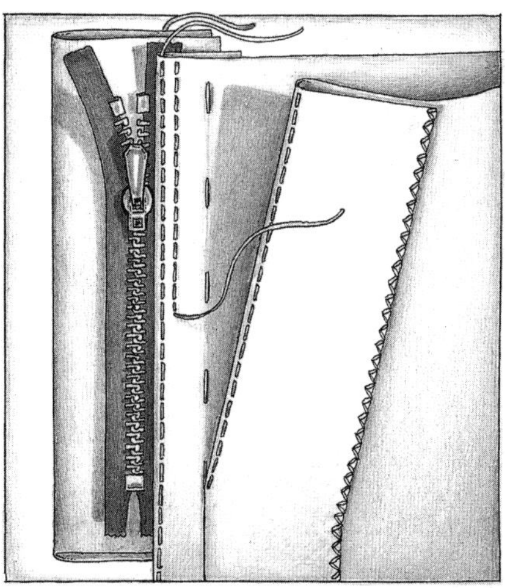

5

Reagiert Ihre Haut allergisch auf Metall und Sie wollen trotzdem auf den Metallreißverschluß nicht verzichten, legen Sie unter den Reißverschluß am Untertritt einen zusammengefalteten Stoffstreifen (wie bei Jeans) und steppen ihn fest.

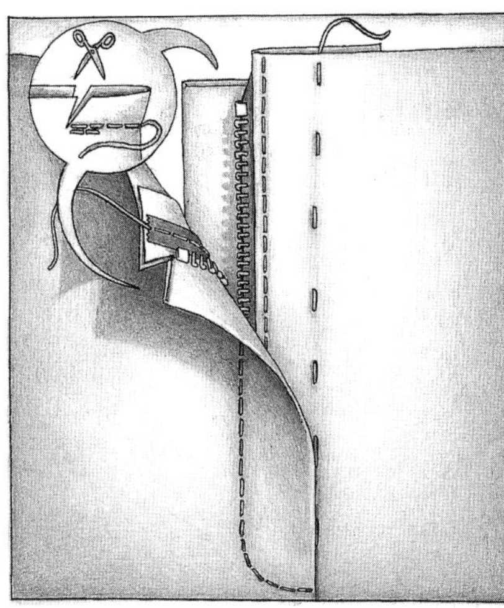

6

Hat der Rock oder die Hose kein Bündchen, sondern nur eine abgesteppte Kante als Abschluß, müssen Sie – bevor Sie den Reißverschluß einsteppen – die oberen Ecken verstürzen und die Nahtzugaben mit der Schere einknipsen.

Blindverschluß: unechter Reißverschlußschlitz

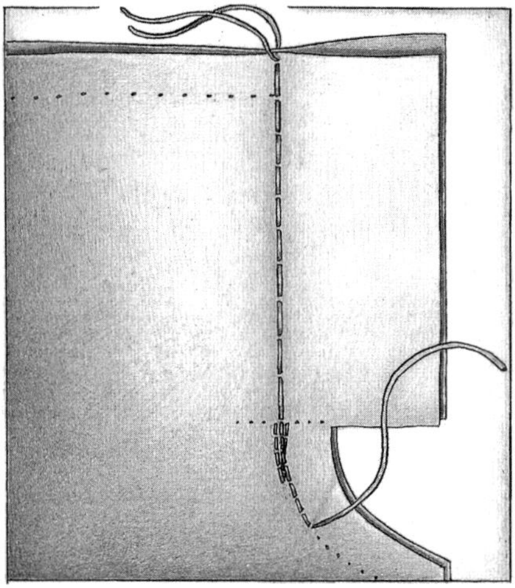

1

Den Schlitz mit dem größten Geradstich zusammenheften. Am Schlitzende anhalten, nun einen normalen Steppstich einstellen und ohne neu anzusetzen gleich die vordere Mittelnaht schließen, dabei das Schlitzende mit ein paar Rückwärtsstichen verriegeln.

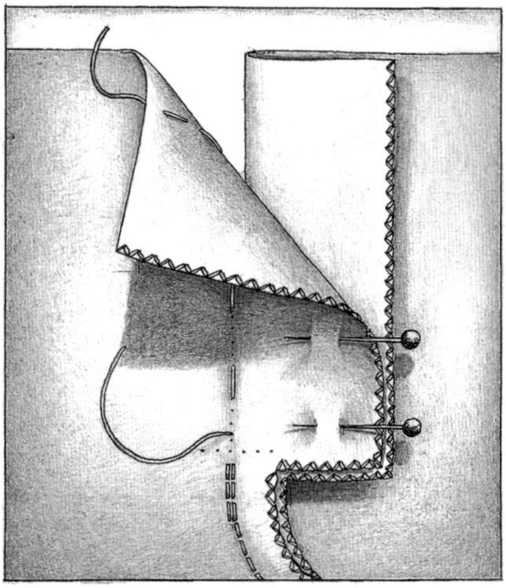

2

Die Schlitzbelege in die rechte Hosen- oder Rockhälfte bügeln und die Steppstiche am Schlitz wieder auftrennen. Die linke Schlitzkante (Untertritt) mit einem Heftfaden nach rechts kennzeichnen. Die Schnittkanten mit Zickzackstichen versäubern und den Schlitz zustecken.

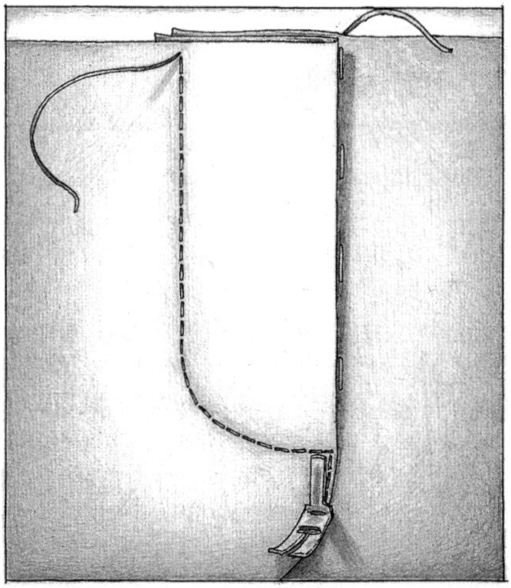

3

Die Stepplinie für den unechten Reißverschlußschlitz auf der rechten Stoffseite einzeichnen und die Linie durch alle Stofflagen steppen. Auch hier am Schlitzende nicht aufhören zu steppen, sondern gleich die vordere Mittelnaht flach steppen. Dann brauchen Sie keine Steppfäden zu vernähen oder zu verknoten.

Schräge Bundhosentasche

1

Zur Verstärkung des Tascheneingriffs einen 2 cm breiten Vlieselinestreifen (a) auf die linke Stoffseite bügeln. Die Anstoßlinie im Taschenteil (b) mit einem Heftfaden nach rechts kennzeichnen.

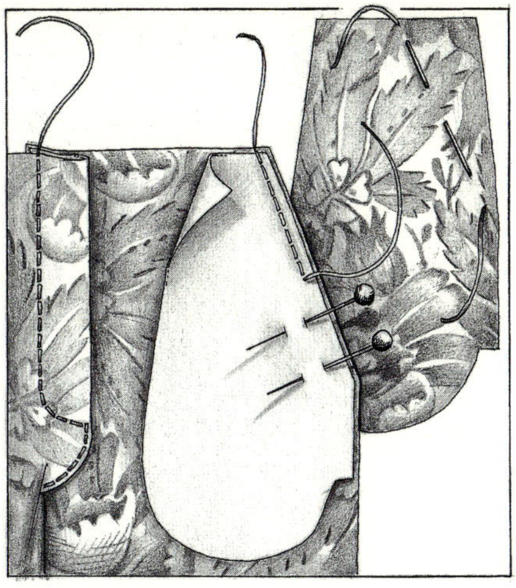

2

Wenn der Hosenstoff nicht reicht, können Sie den vorderen Taschenbeutel auch aus einem anderen Stoff zuschneiden. Den Taschenbeutel rechts auf rechts auf den Tascheneingriff stecken und nahtbreit feststeppen.

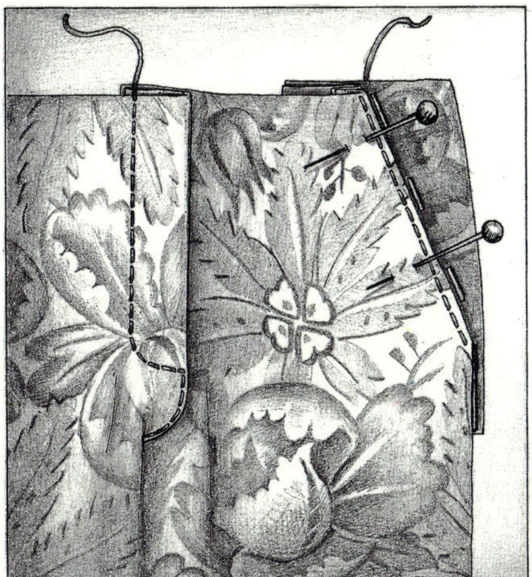

3

Den Taschenbeutel nach innen wenden, die Kante bügeln und knappkantig absteppen. Nun das Taschenteil unter den Tascheneingriff schieben (Tascheneingriff auf Anstoßlinie) und feststecken.

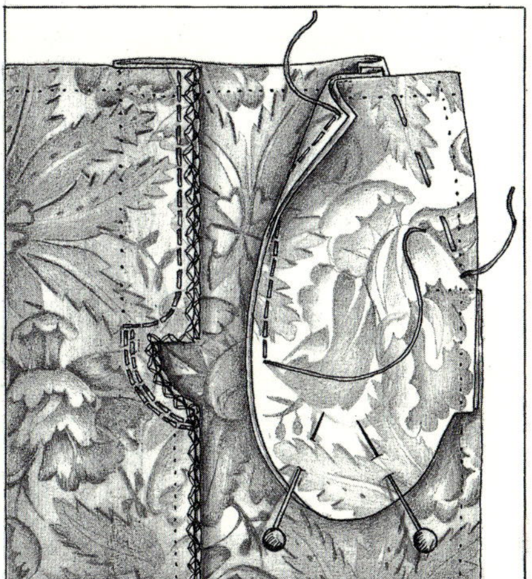

4

Die runden Taschenbeutelkanten zusammensteppen und versäubern. Die oberen Kanten werden beim Bündchenansetzen mitgefaßt und die seitlichen Kanten beim Steppen der Seitennähte geschlossen.

Bündchen – halb glatt, halb gekräuselt

1

Hier werden zwei Bündchenmethoden miteinander kombiniert. Wie ein Bündchen angesetzt wird, steht auf Seite 67. Das vordere Bündchen hat hier allerdings keine Einlage, dafür wird nachträglich ein 2,5 cm breites Gummiband eingezogen. Die Bündchenkanten nach innen umbügeln.

2

Das vordere Bündchen ansetzen, an beiden Seiten schmal absteppen und Gummiband auf bequeme Taillenweite einziehen. Durch das Gummiband wird der vordere Teil des Bündchens gekräuselt. Das rückwärtige Bündchen mit Bundfix verstärken, provisorisch an die Hose stecken und anprobieren. Danach die Gummibandenden an den Seiten auf dem vorderen Bündchen feststeppen.

3

Das rückwärtige glatte Bündchen auf die Hose steppen und die Kanten schmal absteppen. Das kombinierte Bündchen braucht keinen Extra-Bundverschluß und ist auch für Röcke geeignet.

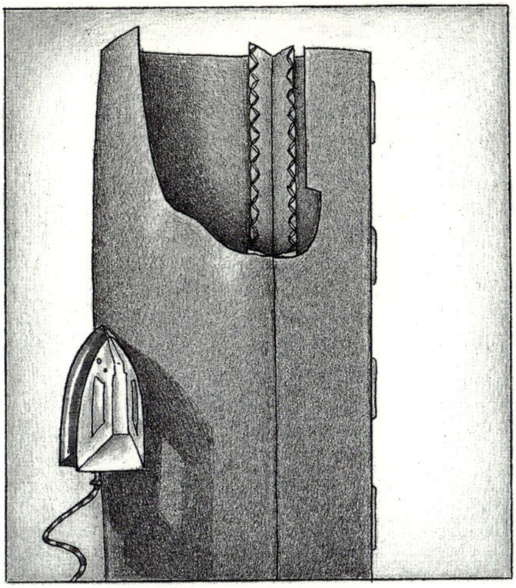

1

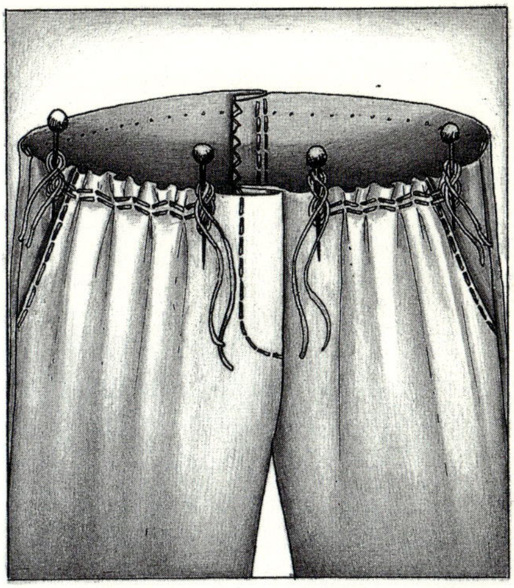

2

Bundfaltenhose mit Bügelfalte: Nach dem Schnitt der Hosen von Seite 30/31 und 32 können Sie auch eine klassische Bundfaltenhose mit Bügelfalten nähen. Die Bundhosentaschen können Sie einarbeiten, müssen aber nicht unbedingt sein. Wichtig ist hier der Arbeitsablauf: Erst die äußeren und inneren Beinnähte schließen, Nahtzugaben auseinanderbügeln und Hosenbeine nach außen wenden. Das Hosenteil auf das Bügelbrett legen, beide Nähte aufeinanderlegen und die vordere Bügelfalte einbügeln. Die rückwärtige Bügelfalte legt sich von selbst in den Stoffbruch, sie braucht nur noch gebügelt zu werden. Nun die Hosenmittelnaht bis auf den Reißverschlußschlitz schließen. Den Reißverschluß verdeckt in die vordere Mitte einnähen (siehe Seite 79). Die vorderen Bundfalten einlegen und ein glattes Bündchen ansetzen (siehe Seite 75). Das Bündchen mit Knopf und Knopfloch schließen (siehe Seite 66). Die Hosenbeinlängen umsäumen.

Als Variante können Sie, zum Beispiel bei einer leichten Sommerhose, statt Bundfalten einzulegen, ebensogut die Hosenkante einkräuseln (siehe Seite 62). Danach die Hose, wie links beschrieben, fertignähen. Wenn Sie die obere Hosenkante auf Hüftweite einkräuseln, ehe Sie das Bündchen annähen, können Sie die Weite günstiger verteilen: Das Bündchen hat dann entsprechend weniger Kräusel und macht nicht dick.

Elastische Kräuselkante

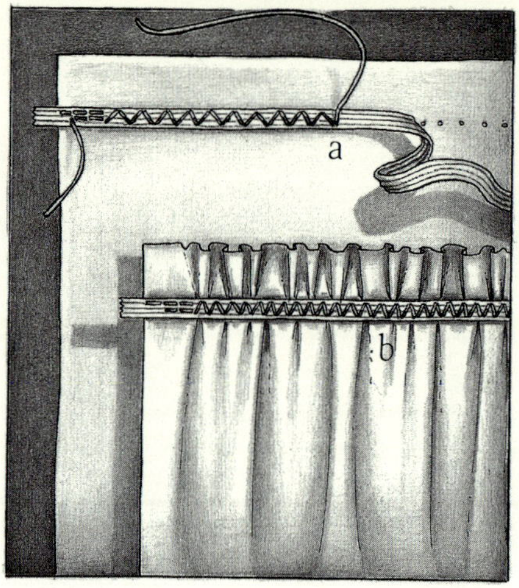

1

Wenn ein Bündchen elastisch ist – wie zum Beispiel das Strickbündchen auf der rechten Seite –, muß auch die Hosenkante dehnbar sein: ein schmales Gummiband auf die linke Stoffseite legen und den Anfang mit zwei bis drei Steppstichen befestigen. Danach einen leichten Zickzackstich einstellen. Das Gummiband mit beiden Händen vor und hinterm Nähfuß strammziehen und auf den Stoff steppen (a). Beim Loslassen zieht das Gummiband wieder zusammen und kräuselt automatisch die Stoffkante ein (b).

Elastische Kräuselkante als Ärmelabschluß:
Bei Puppen- oder Kindersachen können Sie – wie oben – schmales Gummiband auf die Ärmellänge steppen: schon haben Sie einen Bündchenärmel mit Rüschenkante. Wichtig: Erst den Ärmelsaum circa 2 cm breit umbügeln, dann Gummiband feststeppen und zum Schluß die Ärmelnaht schließen, weil es sonst beim Einkräuseln recht eng wird.

Fertige Strickbündchen annähen

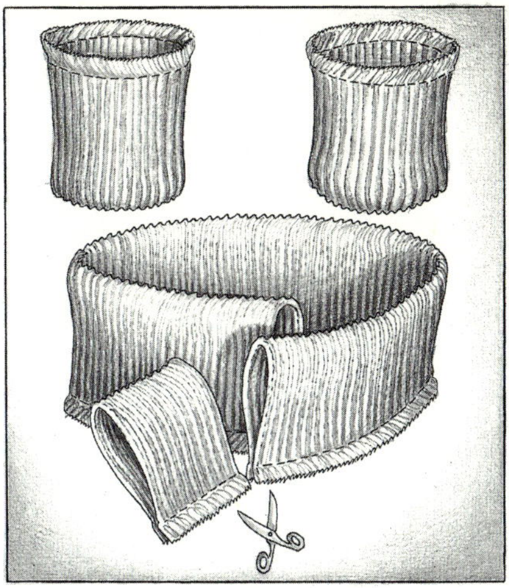

1

Solche Strickbündchen gibt es – im Dreierpack – als Anorakbündchen fertig zu kaufen. Die runden Bündchen, die als Stulpen gedacht sind, können Sie als Hosenbeinbündchen benutzen. Den langen Streifen verwenden Sie für das Hosenbündchen. Dafür müssen Sie es auf die richtige Taillenweite kürzen.

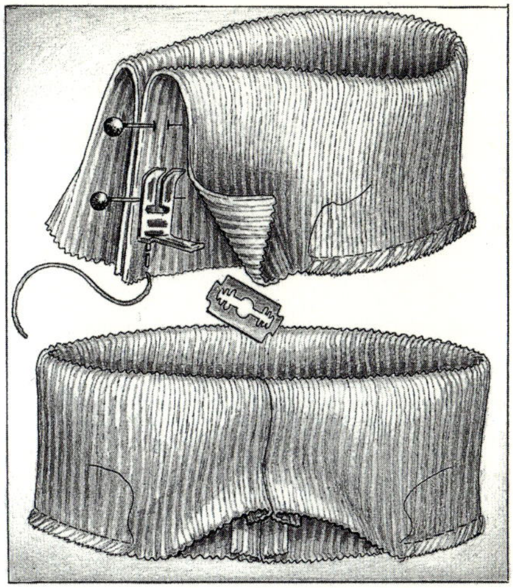

2

Die Bündchennaht soll wie die an den fertigen Stulpen aussehen. Deshalb müssen Sie die zusammengefaßten Kanten mit der Schere oder Rasierklinge an jeder Seite circa 5 cm weit auftrennen. Die Bündchennaht schließen, die Nahtzugabe auseinanderbügeln und die Schnittkanten wieder zusammenkanteln.

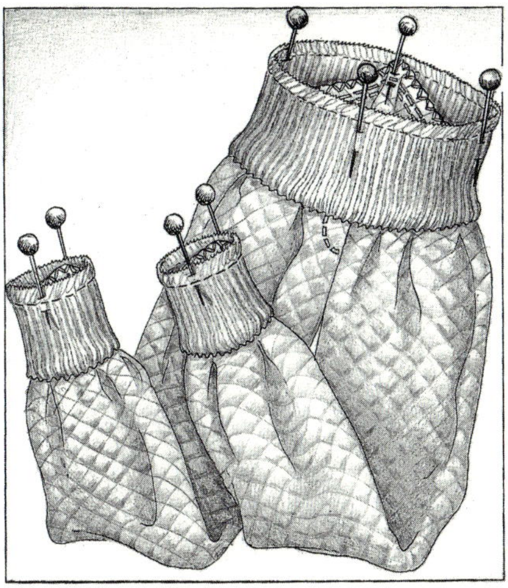

3

Hosenkante und Strickbündchen durch vier teilen und mit Stecknadeln markieren. Die Hosenkanten zweimal steppfußbreit nebeneinander einkräuseln. Oder noch besser: mit Gummiband einkräuseln (siehe linke Seite). Die Strickbündchen rechts auf rechts feststecken.

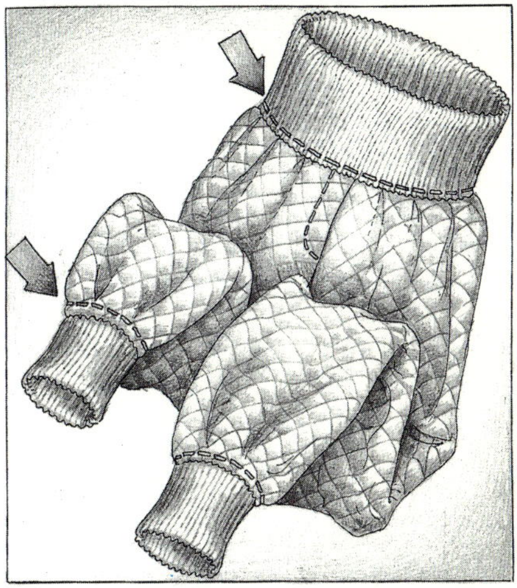

4

Damit die Steppfäden elastisch bleiben, zum Feststeppen oben Nähgarn einfädeln und unten einen elastischen Nähfaden mit der Hand locker auf die Spule der Nähmaschine wickeln. Stichlänge auf 4 stellen. Strickbündchen feststeppen, danach hochkippen, Nahtzugaben zu einer Seite legen (siehe Pfeilrichtung) und die Ansatzkanten von der rechten Seite flach steppen.

Runder Tascheneingriff

1

Beim Nähen hilft es sehr, wenn Sie sich einmal genau ansehen, wie ein fertiggekauftes Kleidungsstück (zum Beispiel eine Jeans) verarbeitet ist.

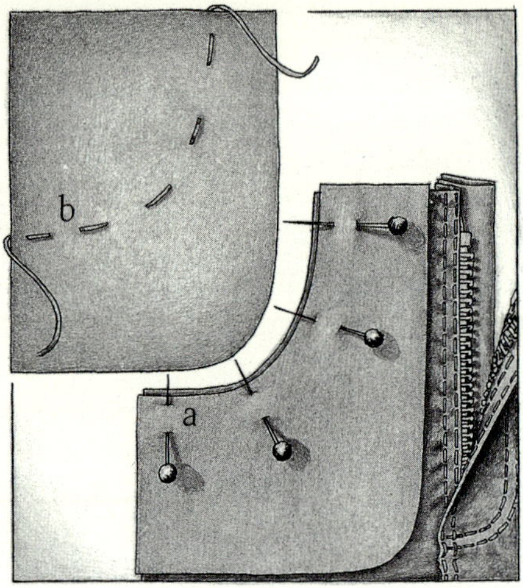

2

Runde Tascheneingriffe werden im Prinzip genauso genäht wie die Bundhosentaschen auf Seite 81. Feste Stoffe brauchen keine zusätzliche Einlage. Den Tascheneingriff mit dem Taschenbeutel (a) verstürzen und die Anstoßlinie im Taschenteil (b) nach rechts kennzeichnen.

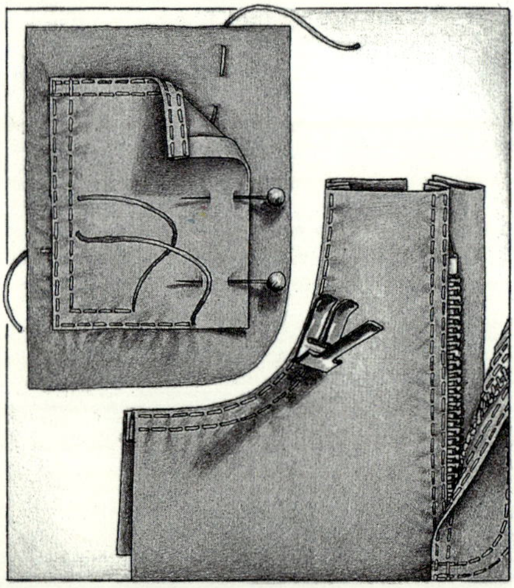

3

Den Tascheneingriff knappkantig und steppfußbreit daneben absteppen. Viele Jeans haben zusätzlich eine kleine Schlüsseltasche. Den Tascheneingriff an der Schlüsseltasche zuerst umsteppen, danach aufsteppen.

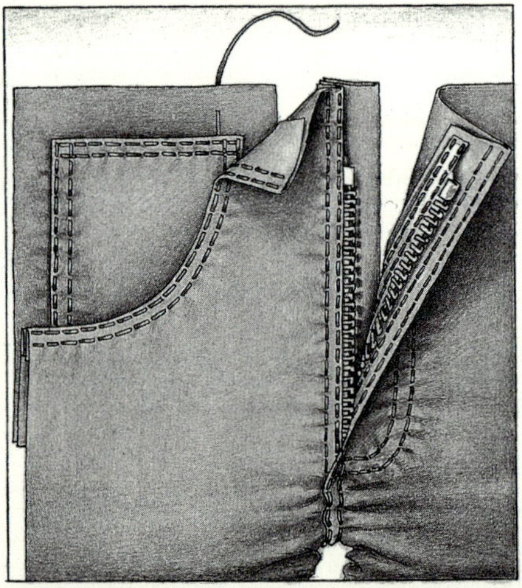

4

Das Taschenteil unter den Tascheneingriff schieben (Tascheneingriff auf Anstoßlinie) und feststecken. Die Taschenbeutelkanten zusteppen, danach die Seitennähte schließen und das Bündchen ansetzen.

Seitliche Schlitztaschen

1

Pro Tasche brauchen Sie zwei Taschenbeutelteile. Einen Taschenbeutel rechts auf rechts über die Schlitzmarkierung legen, nahtbreit umsteppen, danach aufschneiden und die Ecken genau bis zur Stepplinie schräg einschneiden.

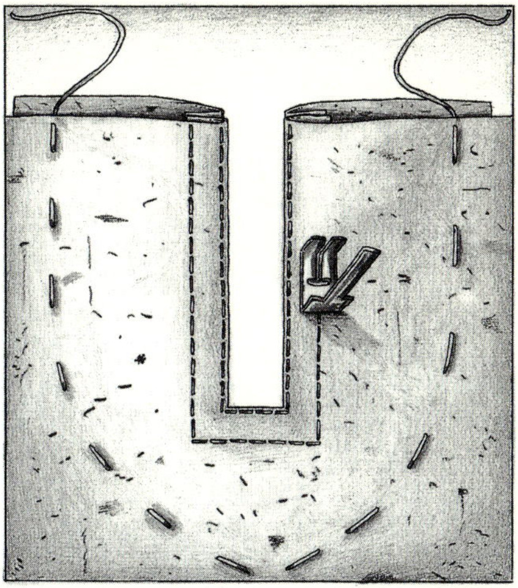

2

Den Taschenbeutel nach innen wenden und die Kante so bügeln, daß von außen keine Naht zu sehen ist. Den Schlitz knappkantig und steppfußbreit absteppen. Die Taschenbeutelform mit einem Heftfaden nach rechts kennzeichnen.

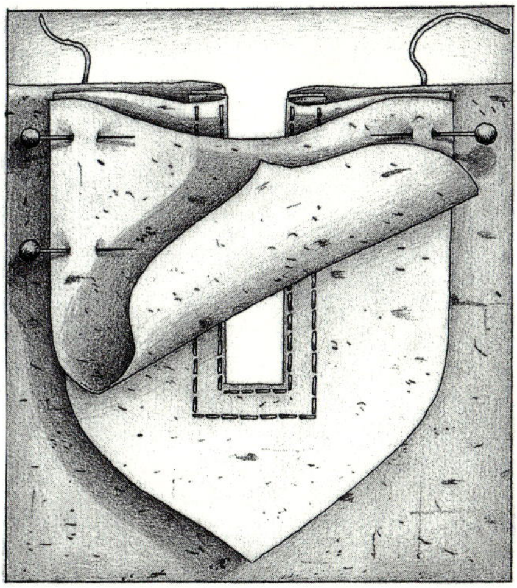

3

Taschenbeutel mit Taschenschlitz glatt hinlegen. Den zweiten Taschenbeutel genau darüberlegen und mit quergesteckten Stecknadeln durch alle Stofflagen feststecken. Den Taschenbeutel von der rechten Stoffseite am Heftfaden entlang feststeppen. Die Taschenbeutelkanten am Bündchenansatz festheften.

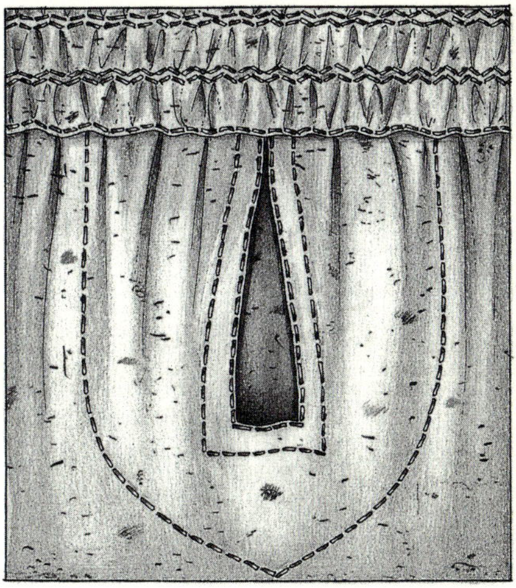

4

Hier wurde die Schlitztasche (wie bei der hellen Hose auf Seite 34/35) mit einem Kräuselbündchen kombiniert. Damit das Kräuselbündchen nicht zu dick wird, die Hosenkante vorher auf Hüftweite einkräuseln. Den Bündchenstreifen ansetzen, drei Tunnelreihen steppen und Gummiband einziehen (siehe Seite 69).

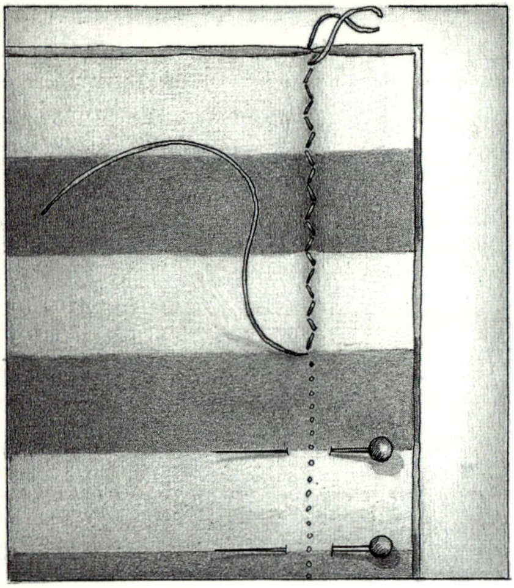

1

Lange Jerseynähte immer mit einem leichten Zickzackstich oder speziellem Nutzstich (den fast alle neuen Maschinen haben) steppen.
Für die Jerseyhose von Seite 34/35 müssen Sie die Blockstreifen an den Nähten genau übereinanderlegen. Stecken Sie die Stecknadeln – wie hier – vor jedem Streifen quer in den Stoff, und steppen Sie langsam über die Nadeln. So können sich die Streifen nicht verschieben und die Naht sieht nach dem Bügeln tadellos aus.

2

Die Mittelnaht einer Jerseyhose zusätzlich mit einem normalen Geradstich von der rechten Seite flach steppen, das gibt der Naht einen besseren Halt. Die obere Hosenkante sollten Sie auf Hüftweite einhalten.

3

Bündchen annähen: Den Bündchenstreifen 12 cm breit und hüftweit zuschneiden, zum Ring schließen, Bündchenkante nahtbreit umbügeln und schmal aufsteppen. Den Beleg nicht einkippen (wird bei Jersey zu dick), sondern mit Zickzackstichen versäubern und von der rechten Seite in der Ansatzkante durchsteppen. Für den Gummizug das Bündchen durchsteppen und entsprechend breites Gummiband einziehen.

Kräuselbündchen mit Stepprechteck

1

Bei einem breiten Kräuselbündchen macht ein aufgestepptes Rechteck viel her (siehe Hose von Seite 34/35). Die Kräusel aus der vorderen Bündchenmitte zur Seite schieben und die glatte Fläche (6 cm) quer durchsteppen. Eine dünne Baumwollkordel (circa 1 m) auf die Bündchenmitte nähen.

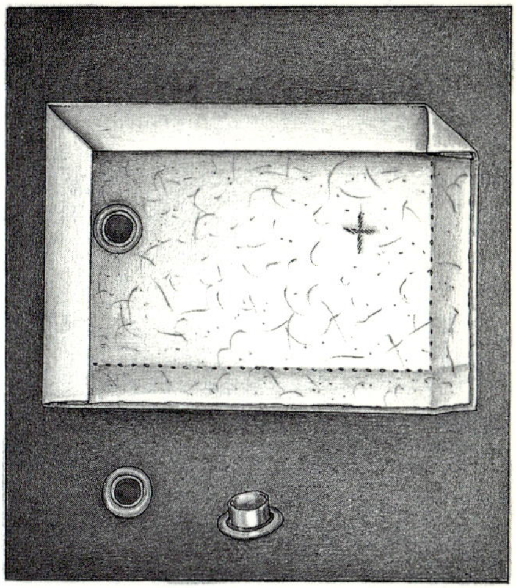

2

Ein Rechteck aus Baumwollsatin (fertige Größe 4 cm x 6 cm) mit Vlieseline H 200 unterlegen. Die Kanten rundherum umbügeln. In das Rechteck zwei Metallösen stanzen (siehe Seite 94).

3

Das Rechteck auf das Bündchen legen, die Kordelenden durchholen und die Kanten feststeppen, dabei gleichzeitig die diagonalen Linien steppen. Zum Schluß die Kordelenden miteinander verknoten.

Arm- und Ausschnittkanten mit Belegen versäubern

Bei Tops, ärmellosen Blusen, Westen usw. müssen die Arm- und Ausschnittkanten versäubert werden. Das kann mit sogenannten Formstreifen geschehen (siehe unten) oder mit einem Beleg, der aus einem Stück zugeschnitten wird (siehe rechte Seite). In jedem Fall müssen die Belege nach dem Papierschnitt des Modells zugeschnitten werden, damit sie die gleichen Linien und den gleichen Fadenlauf haben wie das Modell.

1

Formstreifen zuschneiden: Dafür den Papierschnitt auf den Stoff legen und die Schnittlinien mit Kreide nachziehen, das Papiermuster entfernen und anschließend die Belegbreite (3 bis 4 cm) abmessen und ausschneiden.

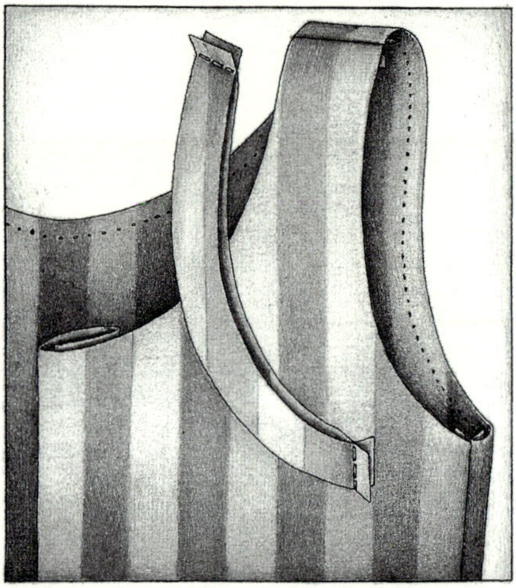

2

Schulter- und Seitennähte schließen, Nahtzugaben auseinanderbügeln. Das gestreifte Top von Seite 38/39 ist vorn geteilt. Daher jetzt den vorderen angeschnittenen Beleg für den Nietenverschluß nach innen umbügeln.

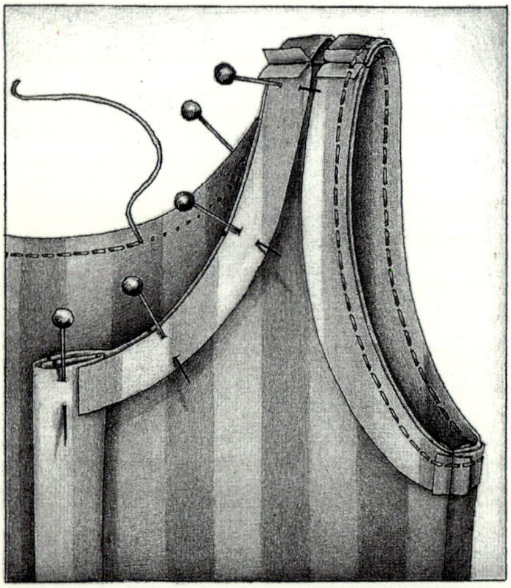

3

Umgebügelten vorderen Beleg noch einmal nach außen zurückkippen und feststecken. Formstreifen darüberlegen und nahtbreit feststeppen wie am Armausschnitt.

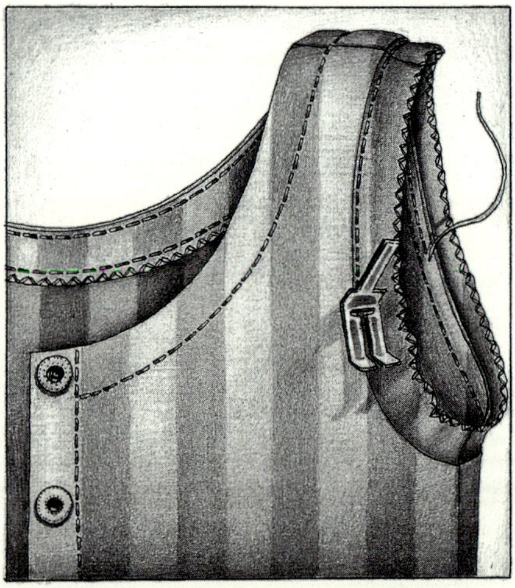

4

Schnittkanten versäubern. Nahtzugaben und Formstreifen neben der verstürzten Naht flach steppen und bügeln. Alle Belegkanten von rechts in Blendenbreite (2,5 cm) feststeppen.

Arm- und Ausschnittkanten mit Belegen versäubern

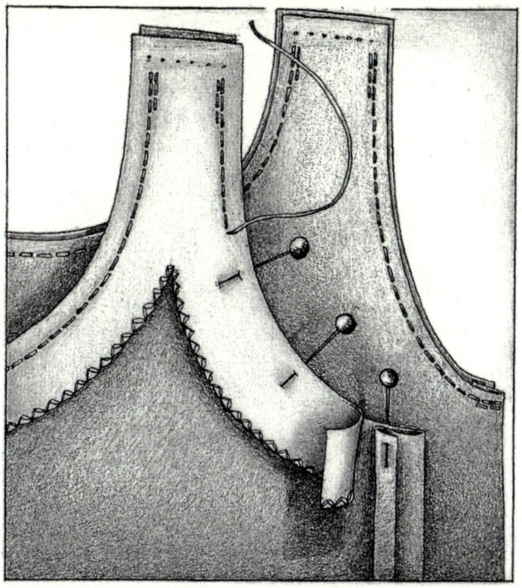

5

Hier wird der Beleg für Arm- und Ausschnittkanten in einem Stück (nach dem Papierschnitt) zugeschnitten. Unser Modell von Seite 36/37 wird seitlich geschnürt (siehe Seite 94). Daher bleiben auf diesen Zeichnungen die Seitennähte offen. Sonst zuerst die Seitennähte (auch die der Belege) schließen. Belege rechts auf rechts auf die Ausschnittkanten stecken und nahtbreit feststeppen.

6

Belege durch die Schulterkanten nach innen wenden. Arm- und Ausschnittkanten so heften, daß von rechts keine Naht zu sehen ist. Kanten leicht bügeln, Heftfäden entfernen und Kanten noch einmal kräftig nachbügeln. Die offenen sichtbaren Schnittkanten mit Zickzackstichen versäubern.

7

Belegkanten feststecken. Schulternaht vorerst nur im Oberstoff steppen und Nahtzugaben auseinanderdrücken. Die Belegkanten über der Naht gegeneinander einkippen und mit der Hand mit kleinen Stichen zusammennähen.

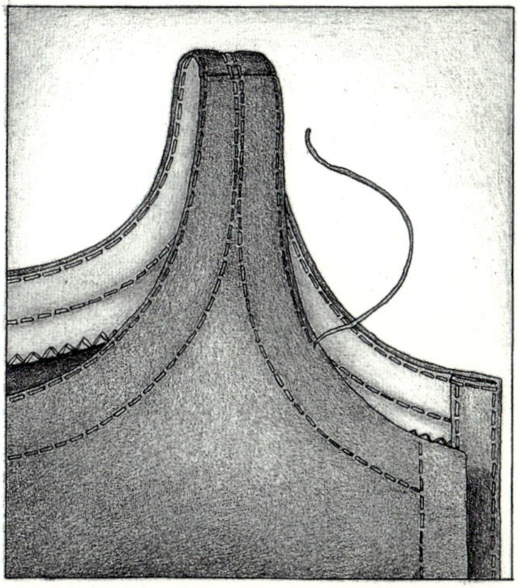

8

Die Kanten von rechts knappkantig und 2,5 cm breit daneben absteppen. Die Linien eventuell mit dem „Trick-Marker“ vorzeichnen (Striche verblassen von selbst).

Kanten mit Schrägstreifen versäubern

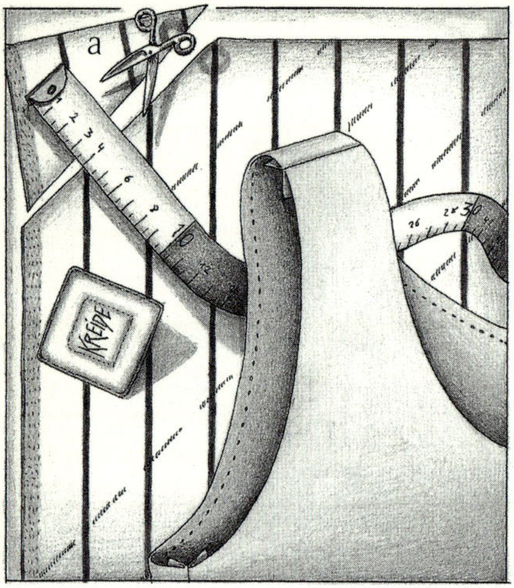

1

Mit Schrägstreifen können Sie Kanten schmal versäubern. Wichtig ist, daß Sie sie richtig schräg zuschneiden: Stoffecke im rechten Winkel (90°) circa 20 cm umkippen und den Stoffbruch aufschneiden (a). (Damit es deutlicher wird, ist der Stoff für die Schrägstreifen hier gestreift. Sie sollten möglichst den Stoff des Modells für die Schrägstreifen nehmen.) Gleichmäßig breite Streifen aufzeichnen und zuschneiden.

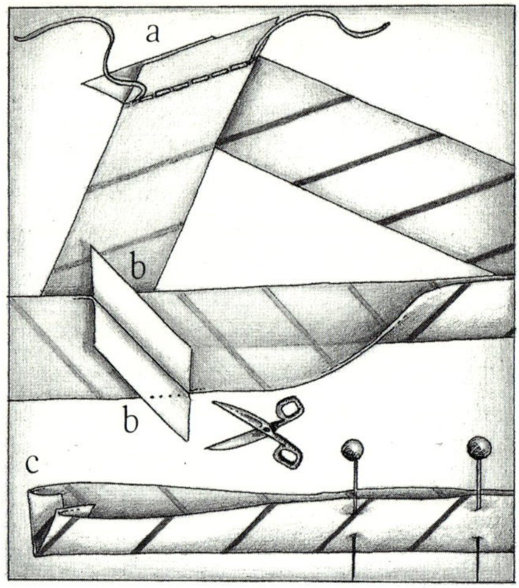

2

Schrägstreifen zusammensteppen: Beide fadengeraden Enden (a) rechts auf rechts legen und so steppen, daß die Schnittkanten nach dem Bügeln eine Linie bilden. Die überstehende Ecke (b) unten und oben abschneiden. Den Schrägstreifen halb zusammenlegen und bügeln. Das Ende (c) gegeneinander einkippen und die Kanten feststecken.

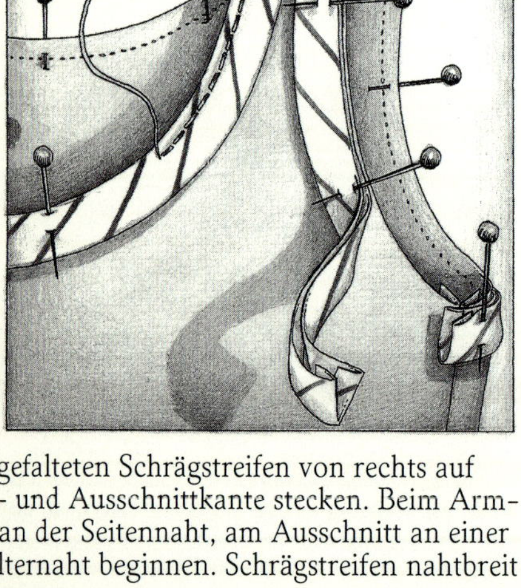

3

Den gefalteten Schrägstreifen von rechts auf Arm- und Ausschnittkante stecken. Beim Armloch an der Seitennaht, am Ausschnitt an einer Schulternaht beginnen. Schrägstreifen nahtbreit feststeppen.

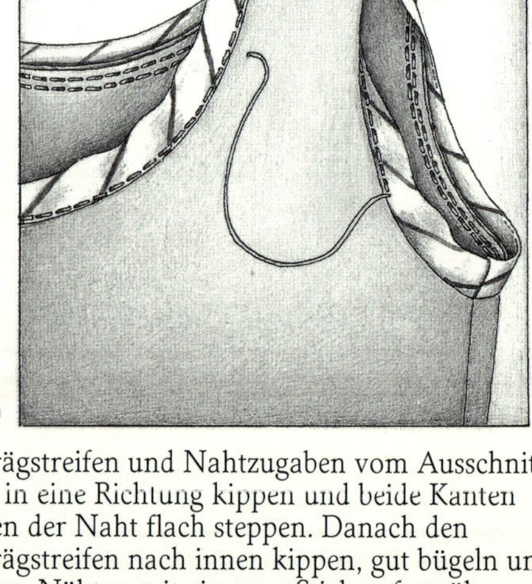

4

Schrägstreifen und Nahtzugaben vom Ausschnitt weg in eine Richtung kippen und beide Kanten neben der Naht flach steppen. Danach den Schrägstreifen nach innen kippen, gut bügeln und an den Nähten mit ein paar Stichen festnähen.

Ausschnittkanten mit Vlieseline unterlegen

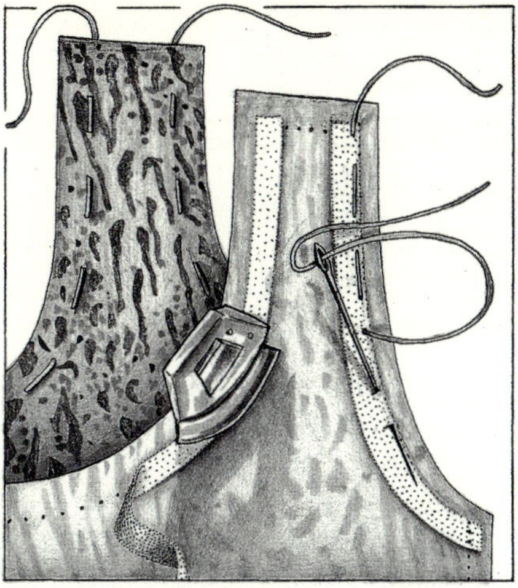

1

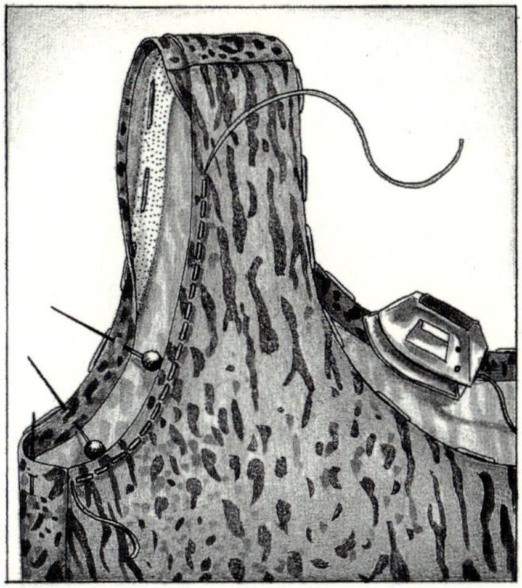

2

Sie können Ausschnittkanten auch einfach nur umbügeln, schmal einkippen und feststeppen. Die hier gezeichneten Ausschnittkanten gehören zu dem Top aus zweierlei Stoff von S. 38/39. Es ist aus Jersey, einem dehnbaren Stoff, der leicht ausleiert. Deshalb müssen diese Kanten unterlegt werden. Dafür 1 cm breite Streifen aus Vlieseline-Kantenfix zuschneiden und etwa 2 mm über die Radellinie hinaus von links aufbügeln. Jetzt erst die Ausschnittlinie mit einem Heftfaden nach rechts kennzeichnen, sonst klebt der Faden fest. Radellinie ist auch durch die Einlage noch gut zu erkennen.)

Nun erst die Schulter- und Seitennähte schließen. Die Nahtzugaben am Heftrand entlang umbügeln. Zur Kontrolle noch einmal den Papierschnitt auf den Ausschnitt legen, notfalls Kante korrigieren. Schnittkanten schmal einkippen, dann feststeppen und Kanten nachbügeln.

Seitlicher Schnürverschluß

Ein solcher Verschluß sieht schön aus und macht ein einfach geschnittenes Kleidungsstück reizvoll (zum Beispiel das Top von Seite 36/37). Sie brauchen dafür kleine Metallösen, die Sie im Kaufhaus kaufen können.

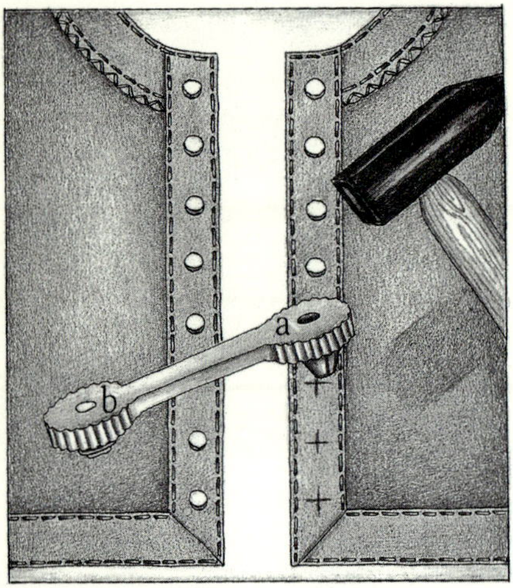

1

Die Schnürlöcher in gleichmäßigen Abständen in die Mitte der fertigen Blende einzeichnen. Die Lasche wird bei Metallösen als Werkzeug gleich mitgeliefert. Die Löcher am besten auf dem Fußboden ausstanzen, dafür die Laschenseite mit dem Stanzeisen (a) benutzen.

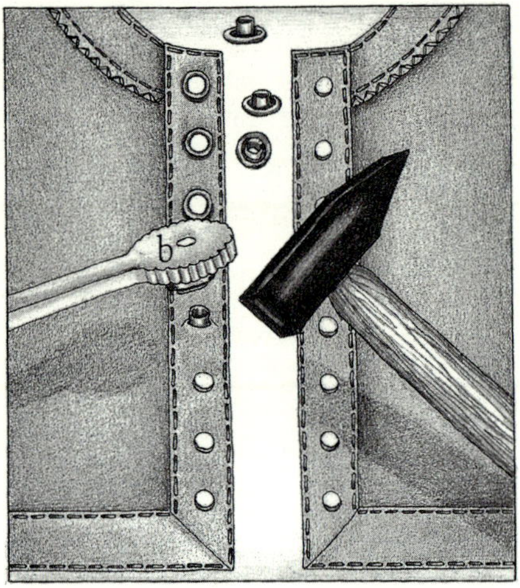

2

Die Metallöse durch das Blendenloch stecken (rechte Blendenseite unten), die Lasche (b) draufstecken und mit dem Hammer zwei- bis dreimal draufschlagen.

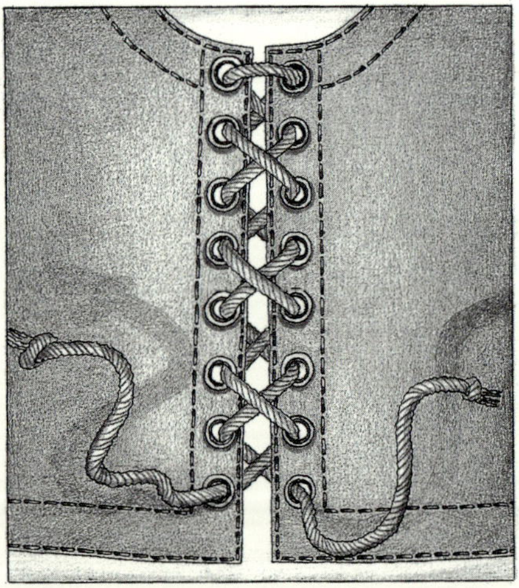

3

Dünne Baumwollkordel kreuzweise einziehen. Zum Schluß Kordelenden verknoten, damit sie nicht aufrippeln.

Taschen aufsteppen

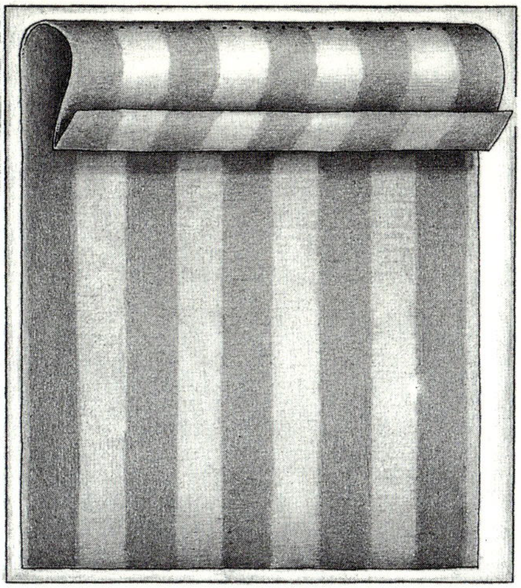

1

Tasche in der vorgegebenen oder gewünschten Größe, plus Saum für den Tascheneingriff und Nahtzugabe, zuschneiden (bei Streifen- oder Karostoff auf das Muster achten).

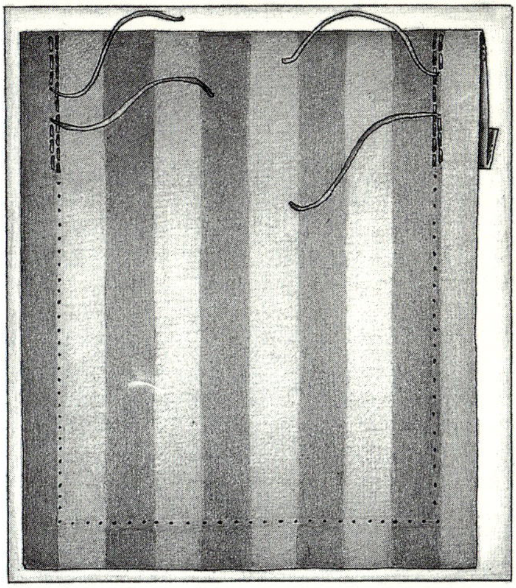

2

Schnittlinien markieren. Zum Verstürzen der seitlichen Kanten den Saum am Tascheneingriff nach außen kippen, Kanten steppen und Fäden befestigen.

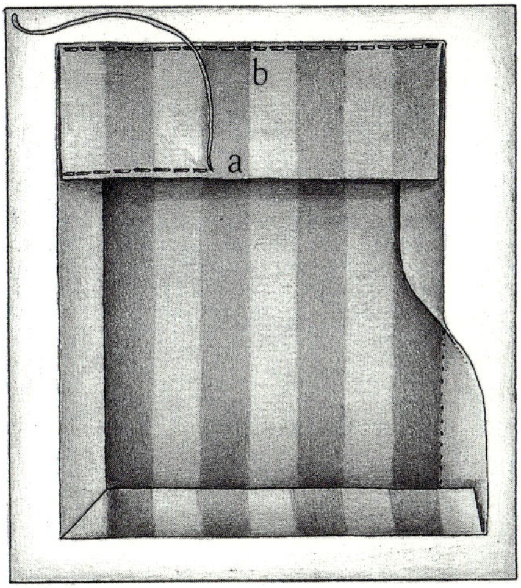

3

Saum des Tascheneingriffs nach innen kippen, restliche Taschenkanten nahtbreit umbügeln. Die unteren Ecken an den Nahtzugaben einkippen. Anschließend Saum (a) und Tascheneingriff (b) absteppen.

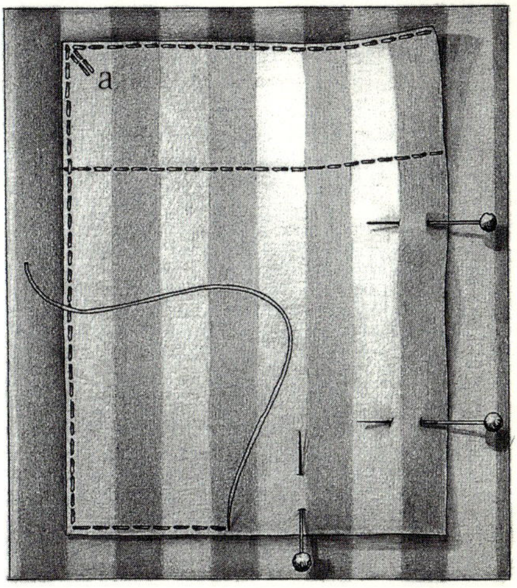

4

Die fertige Tasche auf das Kleidungsstück stecken – auch dabei auf das Muster achten – und die Taschenkanten knappkantig feststeppen. Wenn Sie die Taschenecken – wie hier (a) – diagonal feststeppen, stehen die Taschen weniger ab und die Ecken reißen nicht so leicht ein.

Hohlsaum einarbeiten

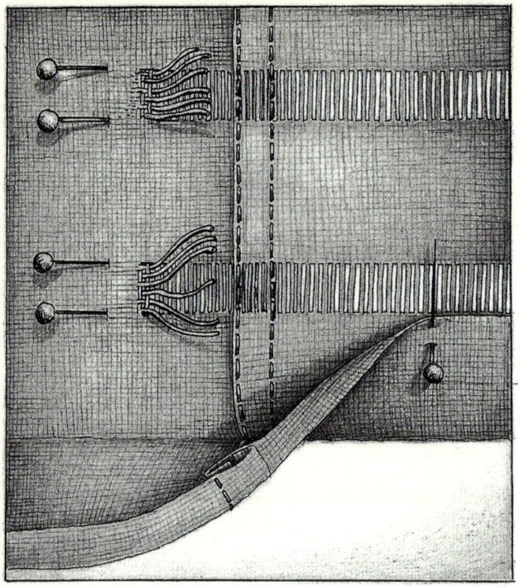

1

Hohlsaum können Sie nur in Leinenbindung sticken. Für das Top (von S. 40/41) erst beide Seiten mit Kappnähten schließen (siehe S. 55). Fünf bis sechs Fäden je Hohlsaumreihe herausziehen (Reihen müssen genau aufeinanderstoßen). Für die Ausschnittkante 4 cm umbügeln, davon 1 cm gegen den ersten Hohlsaumrand einkippen.

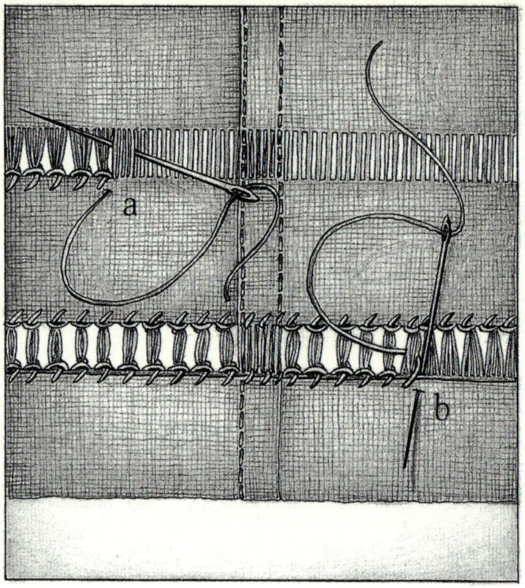

2

Gestickt wird auf der linken Stoffseite von links nach rechts. Circa vier Gewebefäden rechts neben der Ausstichstelle auf die Nadel nehmen (a), Stickfaden durchholen, Nadel wieder zwei Gewebefäden tief in den Stoff stechen (b), Schlinge festziehen und fortlaufend wiederholen.

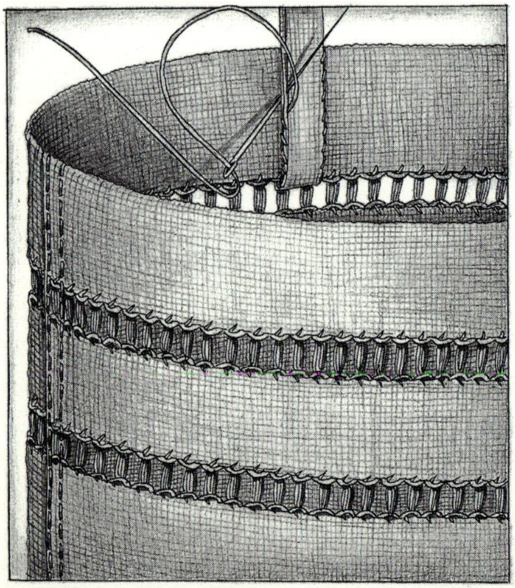

3

Beim Sticken der obersten Hohlsaumreihe den Saum gleich mitfassen. Die Träger für das Top nähen (siehe Seite 74). Die Trägerenden in den Saum schieben und beim Sticken mit festnähen.

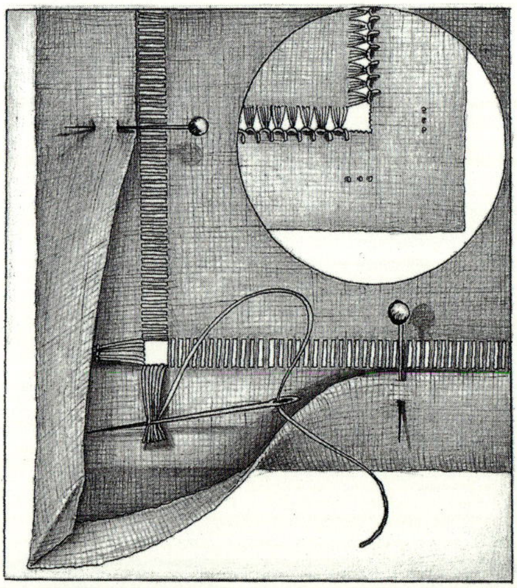

4

Hohlsaumecken (zum Beispiel für Sets oder Tischdecken): die Gewebefäden circa 1 cm vor dem viereckigen Loch abschneiden, in die entgegengesetzte Richtung in den Saum kippen, bügeln und mit winzigen Stichen auf den Oberstoff durchnähen. In den Saum eine Briefecke nähen (siehe Seite 61). Kleine Zeichnung: fertige Hohlsaumecke von rechts.

Gerader Ausschnitt mit Spitze

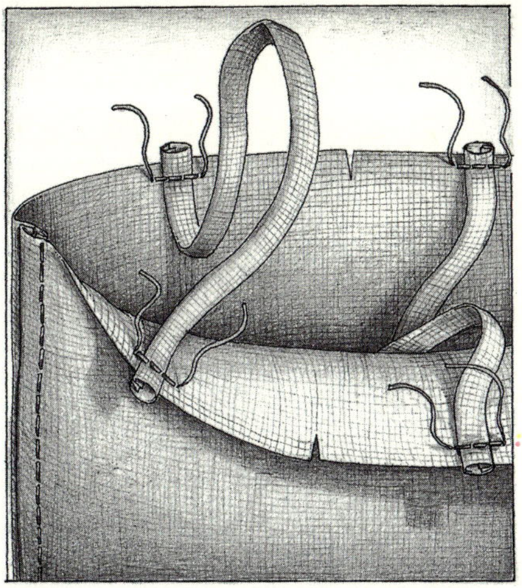

1

Für das Top von Seite 40/41 die Seitennähte (auch bei der Spitze) mit Kappnähten schließen (siehe Seite 55). Die vordere, die rückwärtige Mitte und die Trägeransatzpunkte des Tops durch kleine Knipszeichen markieren. Schmale Träger aus dem Baumwollstoff des Tops arbeiten (siehe Seite 74). Die Trägerenden auf der Innenseite feststecken.

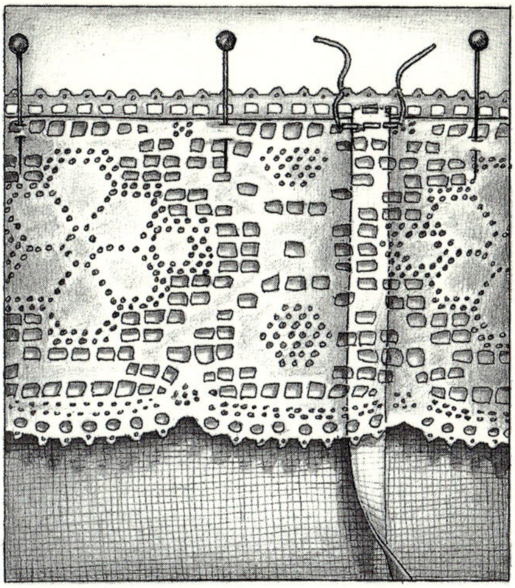

2

Baumwollspitze links auf links gegen die Ausschnittkante stecken und nahtbreit feststeppen. Die Träger liegen hier zwischen Hemd und Spitze.

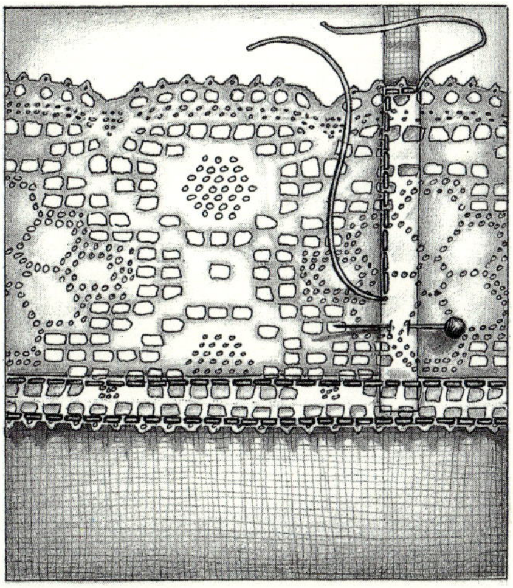

3

Nun Spitze und Träger hochkippen und den Spitzenansatz knappkantig feststeppen. Die Trägerkanten auf der Spitze feststeppen.

V-Ausschnitt

Der Blusengrundschnitt auf unserem Schnittbogen hat einen V-Ausschnitt. Bei dem Modell auf Seite 42/43 ist an ihn eine Rüsche genäht (rechts). Aber auch ein einfacher V-Ausschnitt kann sehr edel aussehen.

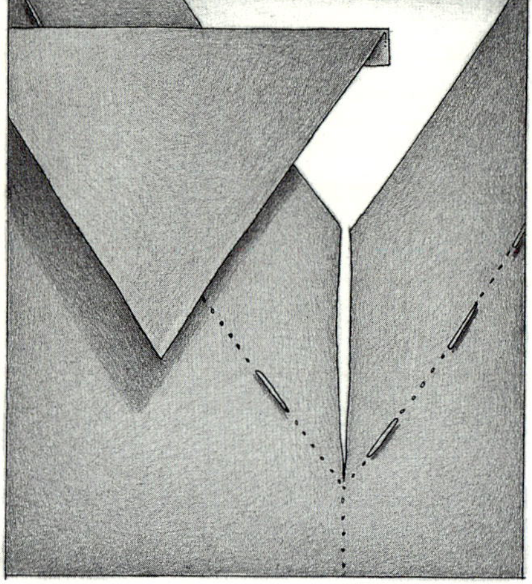

1

Hier wird nur die Spitze verstürzt. Wichtig sind breite Nahtzugaben. Schnittlinien markieren und die vordere Mitte einschneiden. Ein Stoffdreieck von 9 cm x 8 cm x 8 cm zuschneiden.

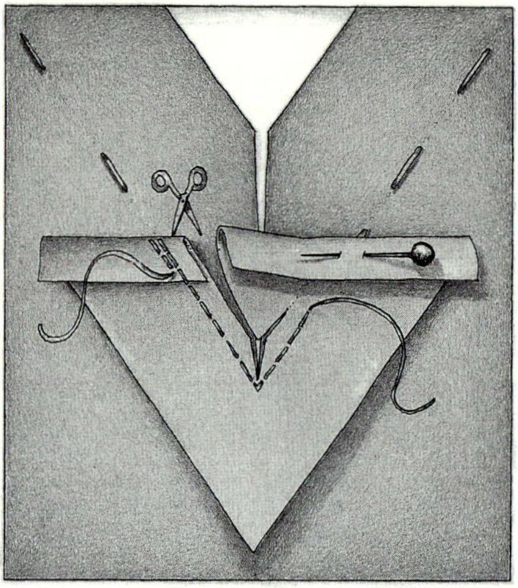

2

Das Dreieck rechts auf rechts auf die V-Ausschnittspitze legen, die obere Kante nahtbreit umkippen und das Dreieck in der Ausschnittlinie feststeppen. Die Stoffmitte aus dem Dreieck herausschneiden und die Spitze sorgfältig bis zur Stepplinie einschneiden.

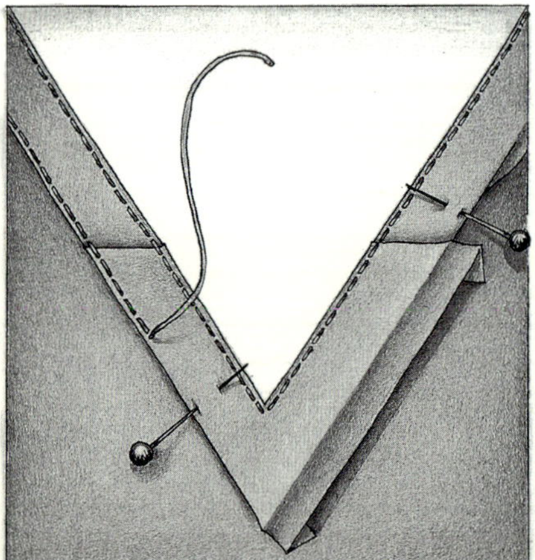

3

Das Dreieck nach innen wenden. Die gesamte Ausschnittkante umbügeln und schmal absteppen. Danach die Schnittkante gleichmäßig breit einkippen, feststecken und knappkantig steppen.

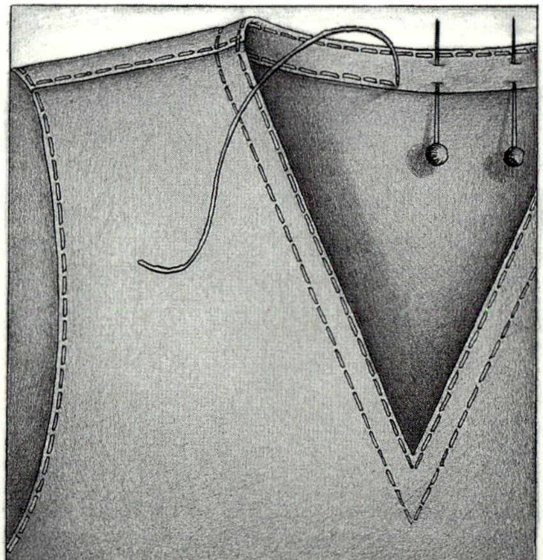

4

Den V-Ausschnitt können Sie ins Vorder- oder Rückenteil nähen. Hier sehen Sie die vordere V-Ausschnittspitze von der rechten Seite, gesteppt wird aber auf der Innenseite.

V-Ausschnitt mit Rüsche

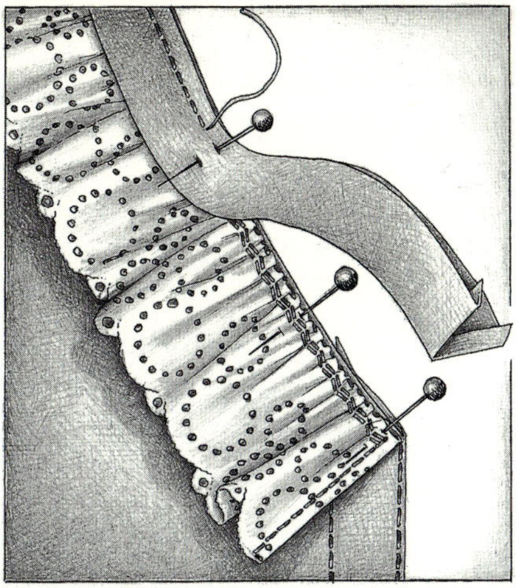

1

Für einen V-Ausschnitt mit Spitzenrüsche (wie Modell von S. 42/43): Breite Spitze auf Ausschnittweite einkräuseln (siehe S. 62). Die Spitzenenden schmal umsteppen und die Rüsche auf den Ausschnitt stecken. 5 cm breiten Schrägstreifen zuschneiden (siehe S. 92), falten, bügeln und die Schnittkanten auf den Ausschnitt stecken.

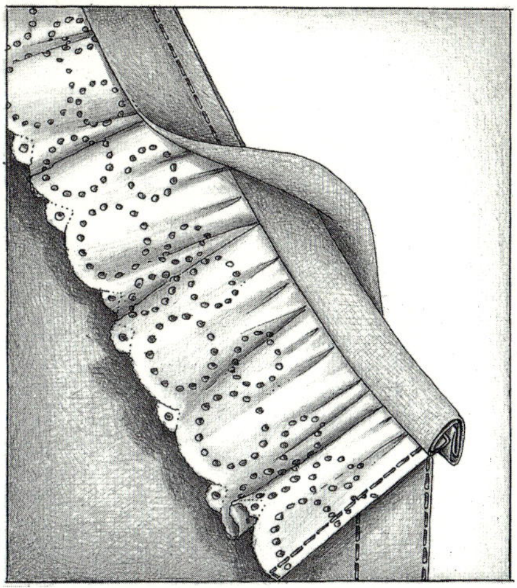

2

Die Schrägstreifenenden gegeneinander einkippen, erst dann die V-Ausschnittkante steppen. Die gesamte Nahtzugabe gleichmäßig auf Paspelbreite abschneiden. Den Schrägstreifen über die V-Ausschnittkante nach innen kippen und den Stoffbruch mit der Hand gegen die Stepplinie säumen.

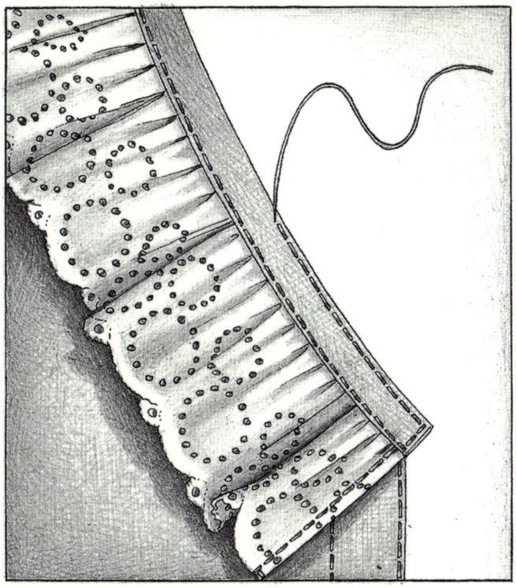

3

Den Paspel mit der Bügeleisenspitze flach bügeln. Durch Absteppen wird die Paspelkante noch flacher und hübscher.

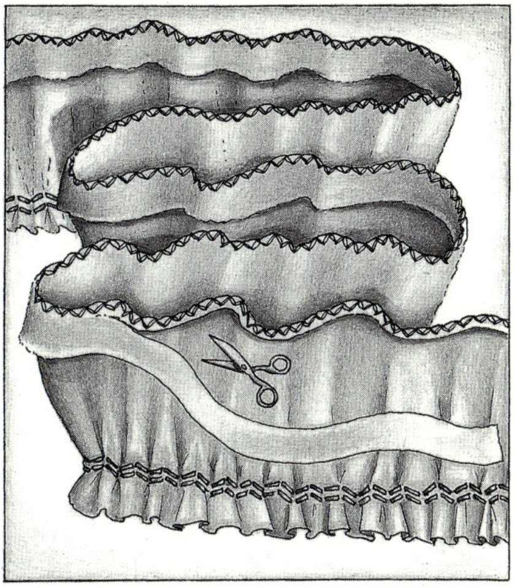

4

Kragenrüsche aus Blusenstoff: Streifen 140 cm x 12 cm im geraden Fadenlauf zuschneiden. Zickzackstich einstellen und die Rüsche beim Kanteln nahtbreit nach innen umkippen. Die überstehende Nahtzugabe direkt neben der Zickzackkante sorgfältig abschneiden. Rüsche einkräuseln und wie Zeichnung 1 bis 3 an den V-Ausschnitt nähen.

V-Ausschnitt mit geschnürtem Schlitz

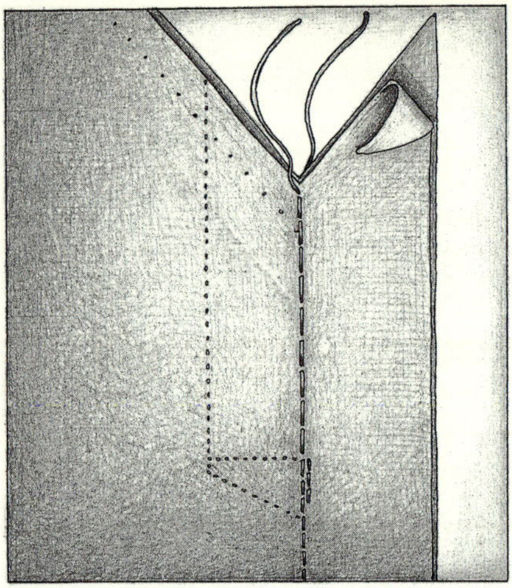

1

Ein dekorativer Schnürverschluß (wie bei der Bluse auf Seite 42/43) ist einfach zu nähen: Die Mittelnaht muß nur extra breite Nahtzugaben haben. Die Mittelnaht bis zum Schlitz zusteppen, dabei gleich den Schlitz mit großen Stichen mit der Maschine zuheften.

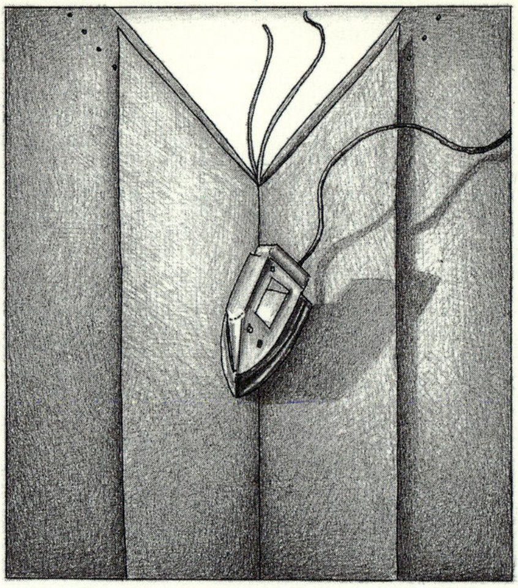

2

Die Schlitzkanten auseinanderbügeln, die Maschinenstiche wieder auftrennen und die Kanten noch einmal kräftig nachbügeln.

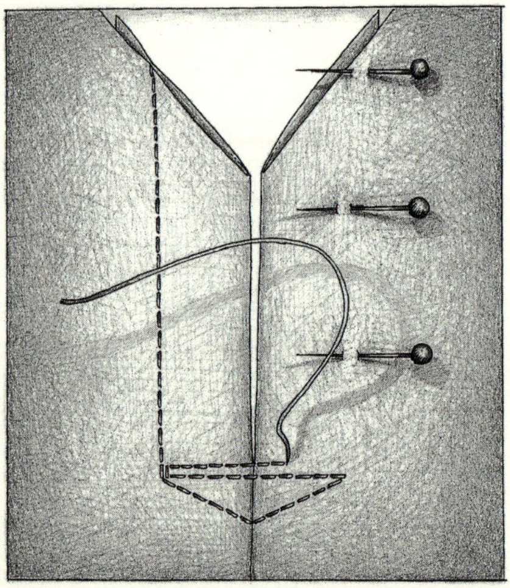

3

Die Nahtzugaben von rechts feststecken. Die Stepplinien ebenfalls von rechts mit dem „Trick-Marker" vorzeichnen (Striche verblassen nach einiger Zeit von selbst) und am Strich entlangsteppen.

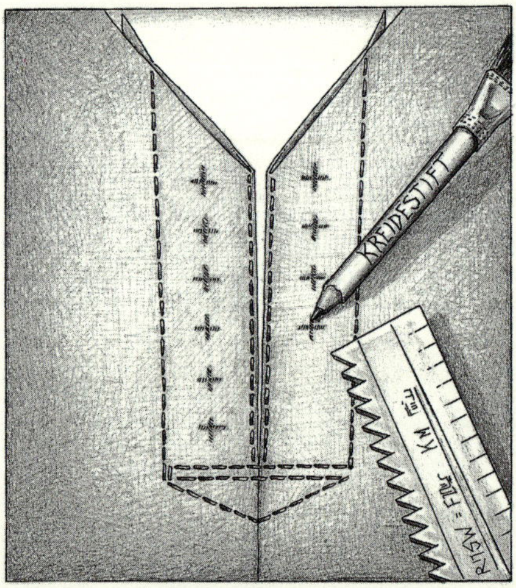

4

Zum Schluß die vorderen Schlitzkanten knappkantig absteppen. Die Schnürlöcher paarweise in gleichmäßigen Abständen einzeichnen. Kleine Metallösen einstanzen (siehe Seite 94). Anschließend dünne Baumwollkordel über Kreuz einziehen.

Schulterpolster mit Stoff beziehen

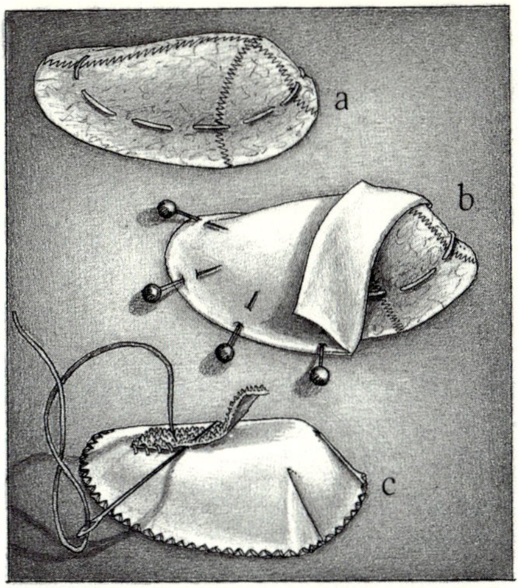

1

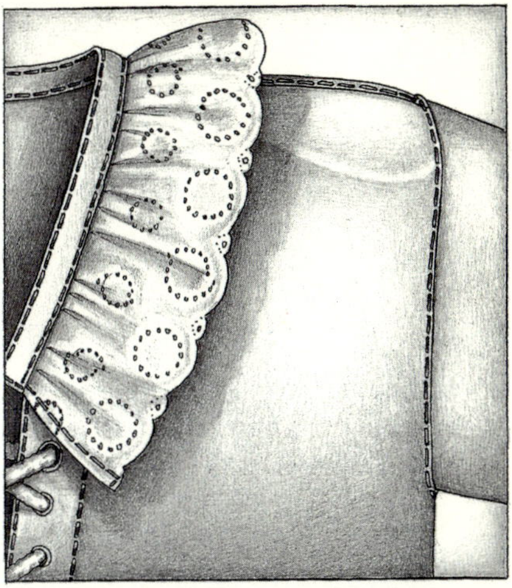

2

Schulterpolster wie diese – sie heißen Raglanpolster (a) – müssen Sie selbst passend zum Kleidungsstück mit Stoff beziehen. Aus Stoffresten (bei dickeren Stoffen aus Futterstoff) die Raglanpolsterform viermal großzügig zuschneiden. Je ein Stoffteil von oben und unten gegen das Polster stecken (b), dabei unbedingt die rundgebogene Polsterform erhalten. Die Mehrweite an der Ärmelkante in zwei bis drei kleine Fältchen legen. Die Kanten am Polsterrand zusammenkanteln (c) und die überstehenden Stoffreste abschneiden.

Wenn Sie die Raglanpolster in ein Kleidungsstück einnähen, müssen Sie sie vor jedem Waschen wieder heraustrennen. Das kann auf die Dauer lästig werden, zum Beispiel bei der weißen Bluse von Seite 42/43. Nähen Sie lieber je ein Stück Klettband in die Bluse und auf das Polster (siehe c in Zeichnung 1), dann ist das Auswechseln ganz leicht. So können Sie die gleichen Polster je nach Bedarf mal in Bluse, Jacke, Pulli oder Kleid stecken.

Ärmel einsetzen

Dafür gibt es zwei Möglichkeiten. Die auf dieser Seite gezeigte eignet sich besser für Modelle mit flacher Armkugel (wie zum Beispiel die Blusen aus festen Stoffen von Seite 42/43 und 44/45). Die auf der rechten Seite gezeigte Methode ist ideal für Ärmel mit stärkerer Armkugel und für sehr dehnbare Stoffe, zum Beispiel Angorajersey (wie bei der Bluse von Seite 46/47).

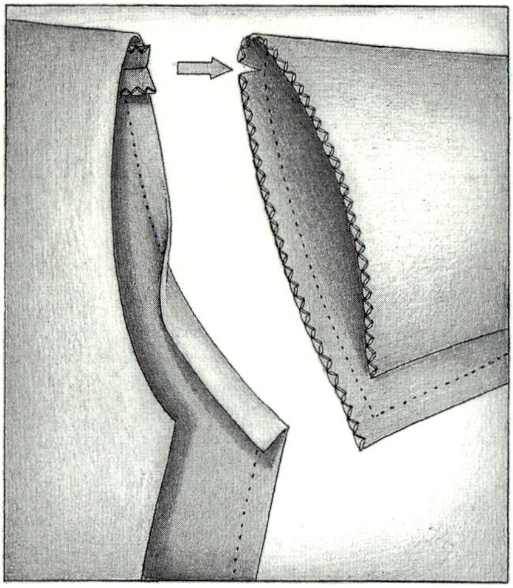

1

Erste Möglichkeit: Schnittlinien markieren, Schulterpunkt einknipsen und Schnittkanten versäubern. Armausschnittkante an Vorder- und Rückenteil nahtbreit nach innen umbügeln.

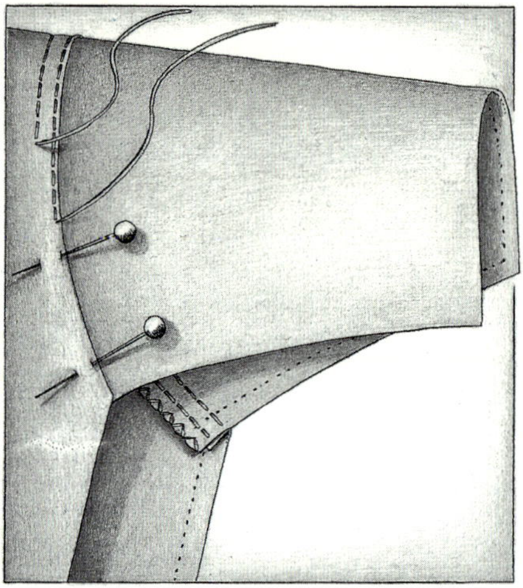

2

Den Ärmel zeichengemäß unter die Armausschnittkante schieben, mit quergesteckten Nadeln feststecken und von rechts knappkantig einsteppen. Danach noch einmal steppfußbreit neben dieser Naht entlangsteppen.

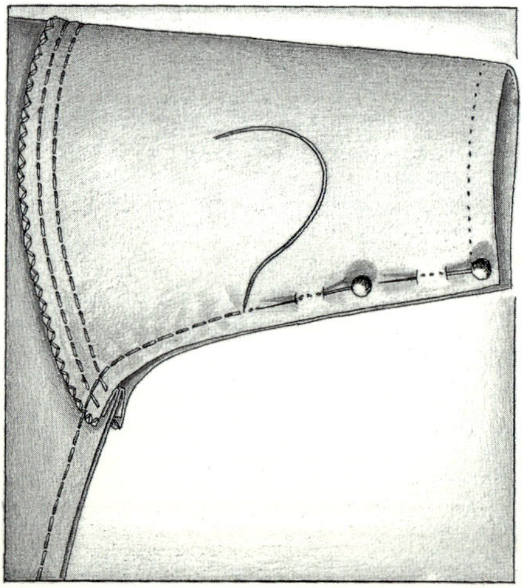

3

Erst zum Schluß die Ärmel- und Seitennähte des Kleidungsstücks schließen. Nahtzugaben versäubern, auseinanderbügeln, die Kanten in der Rundung eventuell ein paarmal einknipsen, damit die Naht unterm Arm nicht spannt.

Ärmel einsetzen

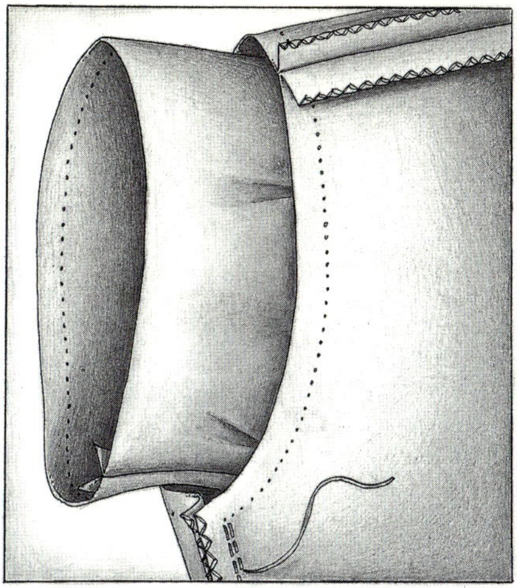

4

Zweite Möglichkeit: Schulter-, Seiten- und Ärmelnaht schließen. Nahtzugaben mit Zickzackstichen versäubern und auseinanderbügeln.

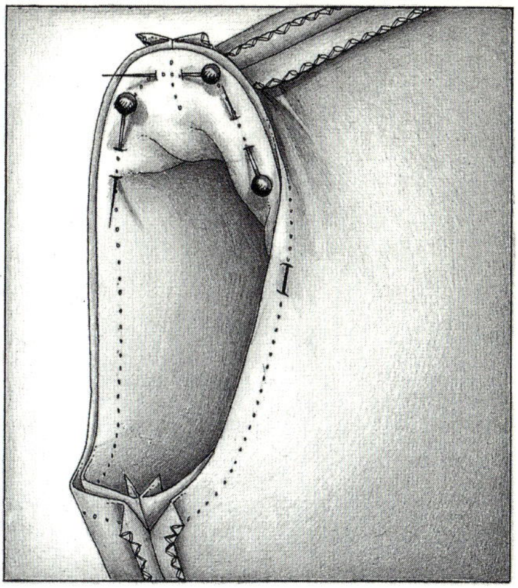

5

Den Ärmel rechts auf rechts in das Armloch ziehen und von der Ärmelseite aus einstecken, dabei die Querzeichen und Nähte aufeinandertreffen lassen.

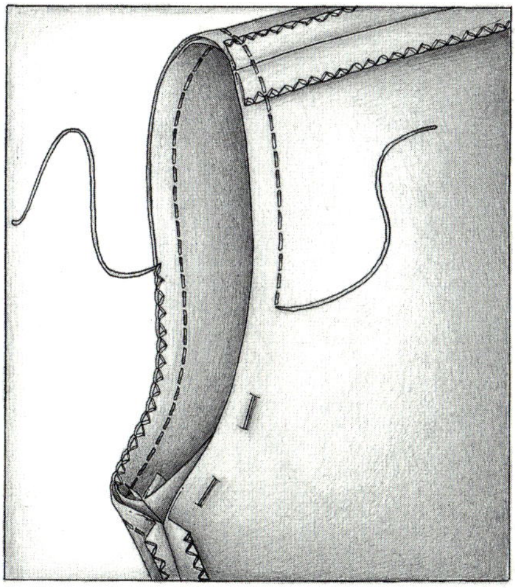

6

Beim Einsteppen darf sich keine Falte in den Stoff schieben. (Ist die Armkugel weiter als der Armausschnitt, müssen Sie die Armkugel vor dem Einstecken mit einem Kräuselfaden einhalten und vorsichtig einbügeln.) Die Nahtzugaben an der Einsatzkante zusammenkanteln.

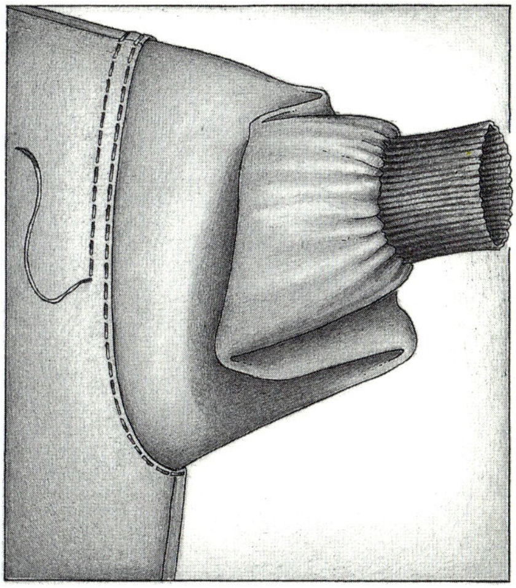

7

Nahtzugaben in Vorder- und Rückenteil kippen und Einsatznaht von der rechten Stoffseite knappkantig und noch einmal steppfußbreit daneben absteppen.

Ausschnittschlitz mit Reißverschluß

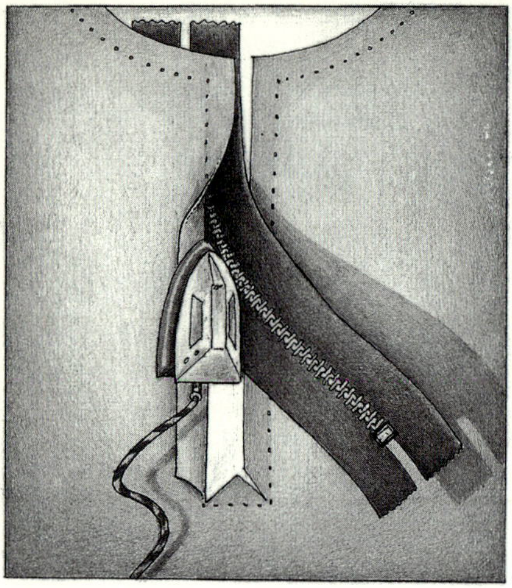

1

Ein Metallreißverschluß am Ausschnittschlitz (wie bei der Bluse von Seite 46/47) ist praktisch und dekorativ zugleich. Den Schlitz in der vorderen Mitte in Reißverschlußlänge einschneiden und die Ecken am Schlitzende schräg einknipsen. Die Schlitzkanten sorgfältig nach innen umbügeln.

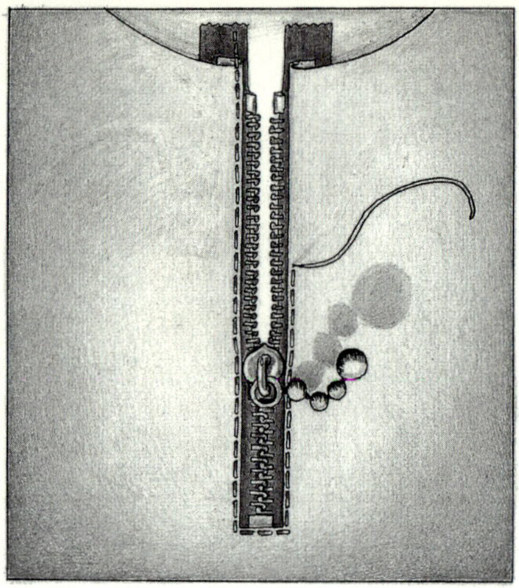

2

Den Reißverschluß so in den Schlitz stecken, daß die Metallschiene sichtbar bleibt und ihn mit dem halben Nähfuß knappkantig einsteppen.

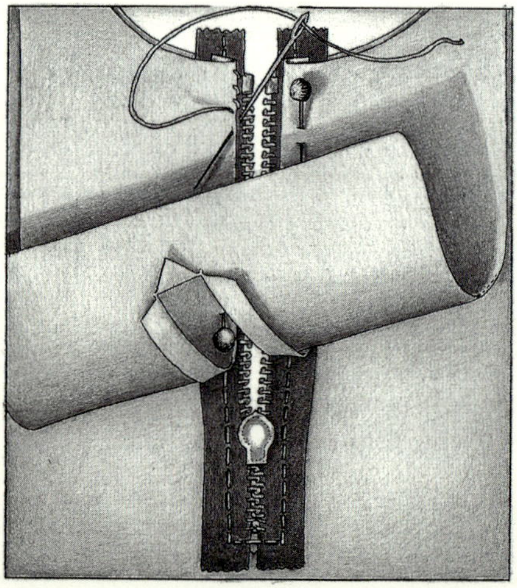

3

Ausschnittbeleg zuschneiden, wie die vordere Mitte am Vorderteil einschneiden und Kanten umbügeln. Den Beleg gegen das Reißverschlußband säumen. Nun noch einmal Reißverschluß und Beleg von der rechten Stoffseite steppfußbreit neben der ersten Stepplinie feststeppen.

Kragen ansetzen

Die Zeichnungen zeigen die Bluse von Seite 46/47. Sie hat einen Kragen aus Rippenstrickstoff. Wie dieser Kragen wird jeder angesetzte Kragen gearbeitet – egal aus welchem Material.

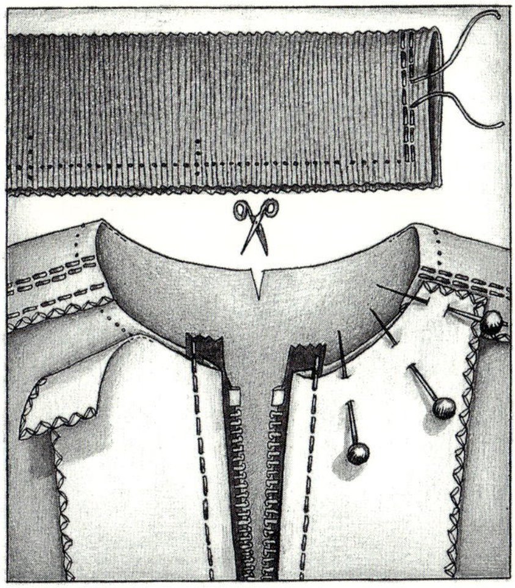

1

Die rückwärtige Mitte der Bluse durch Knipszeichen markieren. Den vorderen Ausschnittbeleg gegen die Halsausschnittkante stecken und festheften. Den Strickkragen rechts auf rechts zusammenlegen und bis zur Ansatzlinie verstürzen, dabei die Steppfäden vernähen.

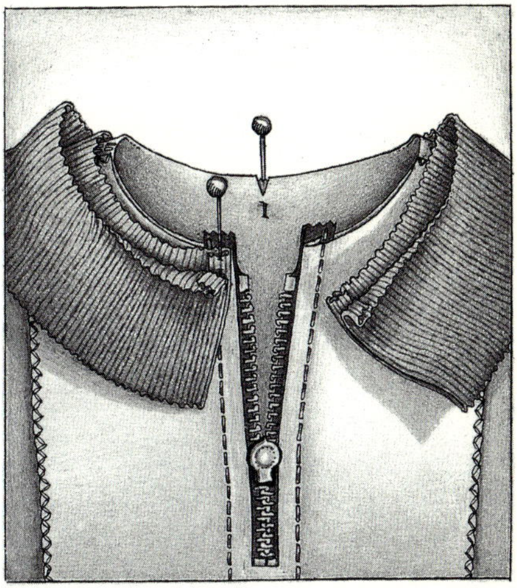

2

Weil dieser Ausschnitt auch offen getragen werden kann, wird die Innenkante angesteppt und die Außenkante gegengesäumt. Deshalb die rechte Seite des Strickkragens von innen gegen die Halsausschnittkante legen, zuerst nur vorn und hinten feststecken.

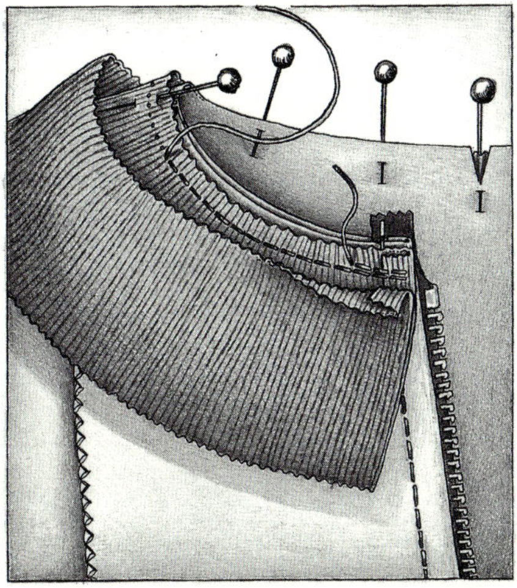

3

Die Ansatzkanten gleichmäßig aufeinanderstekken, dabei die Stecknadeln quer einstechen, damit Sie sie während des Steppens leicht herausziehen können. Anfang- und Endfäden vernähen.

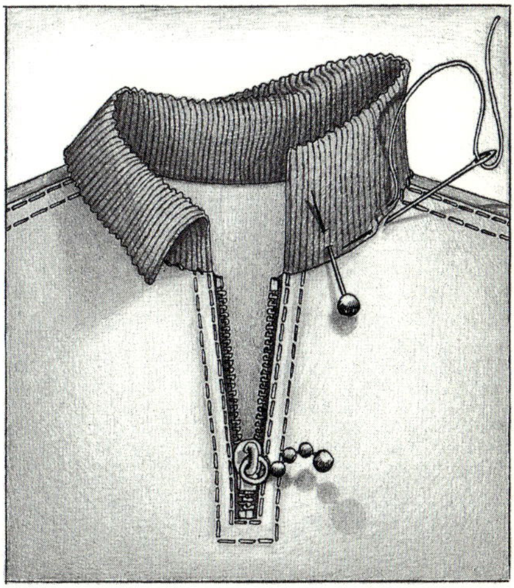

4

Alle Nahtzugaben in den Strickkragen kippen. Die Kragenkante nahtbreit gegen die Stepplinie einkippen und mit der Hand mit kleinen Stichen festsäumen.

Verschlußkanten mit und ohne Einlage

1

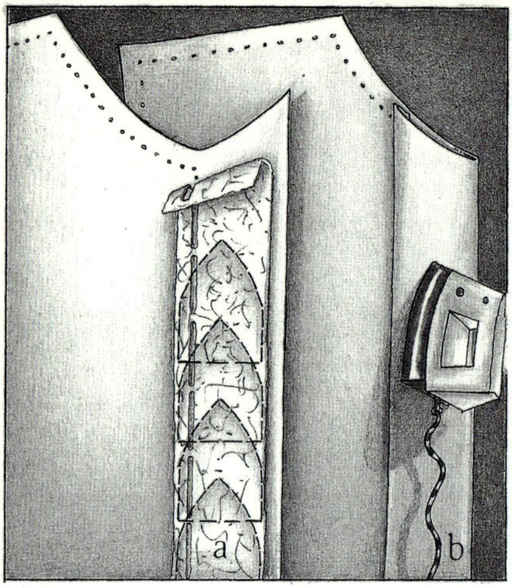

2

Mit Einlage: Weiche Stoffe sollten Sie nicht doppelt einkippen, sondern lieber mit Vlieseline-Kantenfix belegen. Schnittlinien sorgfältig auf den Stoff übertragen. Kantenfix so auf die linke Belegseite legen, daß die Stanzlinie genau über der Radellinie (dem späteren Blendenbruch) liegt. Kantenfix mit trockener Hitze (Einstellung auf Wolle circa 150° C) vorsichtig aufbügeln: Bügeleisen nicht schieben, immer wieder neu aufsetzen und Hitze an jeder Stelle circa 8–10 Sekunden einwirken lassen (a). Den Beleg in der Stanzlinie nach innen umbügeln (b). Das gebügelte Teil im Liegen noch circa 5 Minuten abkühlen lassen. Belegkante nahtbreit einkippen und feststeppen.

Ohne Einlage: Bei leichten Stoffen können Sie den Beleg ruhig doppelt einkippen, und zwar genau bis zur vorderen Kante. Die Nahtzugabe kann sich dann nicht nach rechts abzeichnen und die Kante hat genügend Halt.

Aufgebügelte Einlagen sind sehr hilfreich. Sie müssen nur darauf achten, jeweils die geeignete Einlage zu verarbeiten: bei geraden Kanten Vlieseline-Kantenfix, bei Rundungen (zum Beispiel dem Stehkragen von der nächsten Seite) Vlieseline H 200. Sie liegt 0,60 m breit und wird vom Meter verkauft.

Stehkragen aufsteppen

Hier wird der Stehkragen der Bluse von Seite 44/45 gearbeitet. Genauso werden Kragenbündchen von Hemdblusenkragen aufgesteppt.

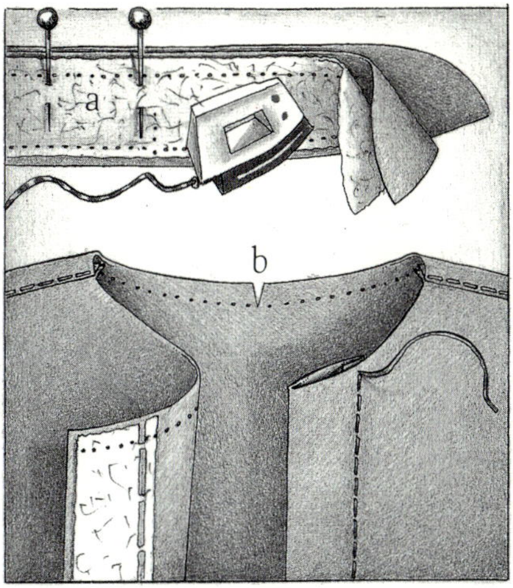

1

Konturen des Kragens auf die Vlieseline-Einlage zeichnen und mit Nahtzugabe zuschneiden. Einlage (a) auf den Oberkragen bügeln. Beide Kragenteile rechts auf rechts aufeinanderstecken. Rückwärtige Mitte des Halsausschnitts (b) mit der Schere einschneiden.

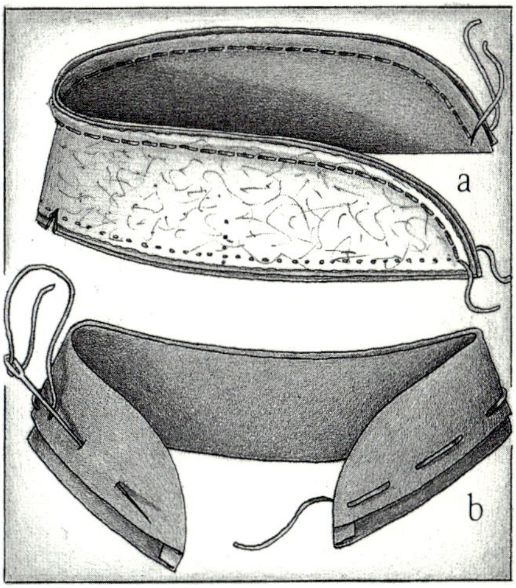

2

Außenrand des Stehkragens (a) bis zur Ansatzlinie steppen und Fäden vernähen. Kragen nach außen wenden. Die Kante so heften und bügeln, daß von der rechten Außenseite keine Naht zu sehen ist. Ansatzkante (b) umheften.

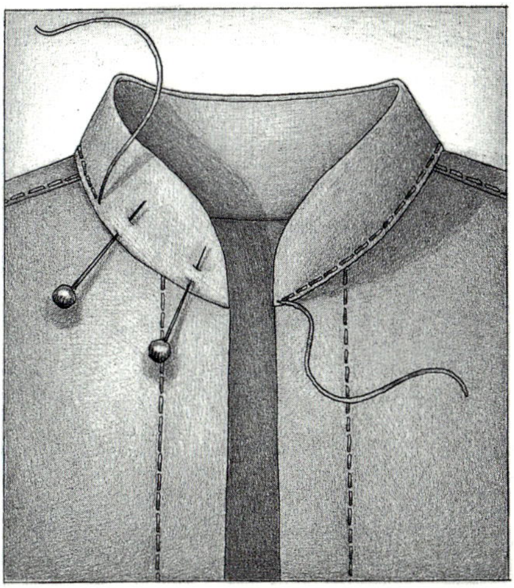

3

Zuerst die vorderen Kragenkanten und die rückwärtige Mitte zeichengemäß auf den Halsausschnitt stecken, danach die restlichen Kanten feststecken und knappkantig aufsteppen.

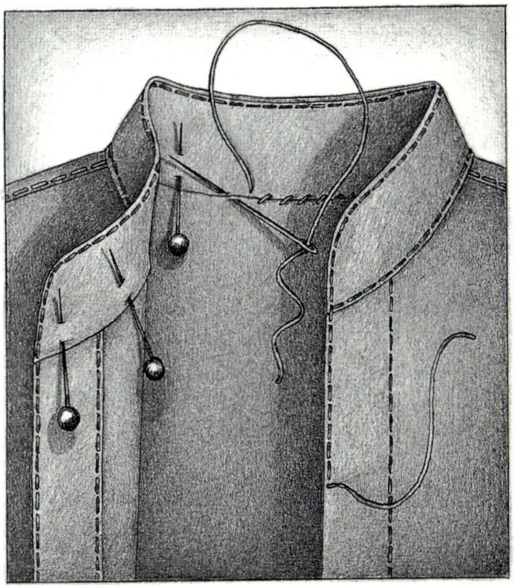

4

Den Innenkragen einkippen und gegen die Ansatzlinie säumen. Zum Schluß die vorderen Blendenkanten und den Kragenrand in einem Rutsch knappkantig absteppen.

Bluse – „chinesisch geknöpft"

1
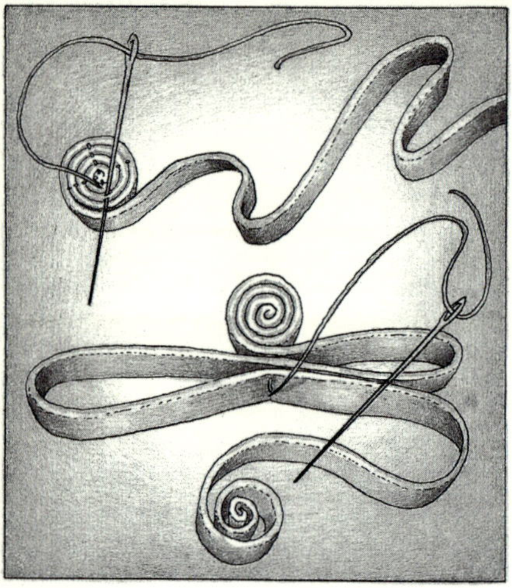

2
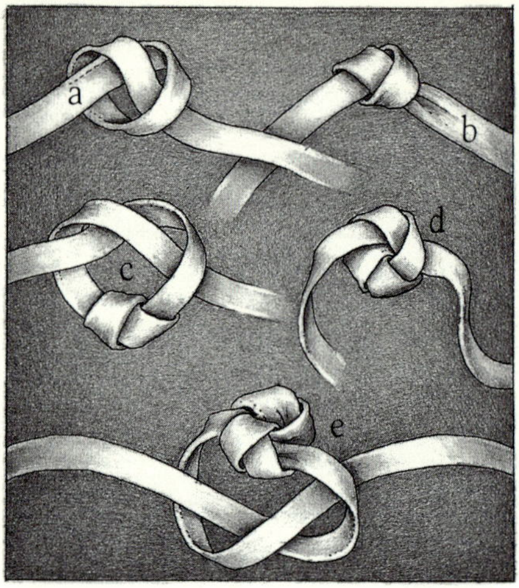

Das Besondere und etwas Aufwendige an der Bluse von S. 44/45 ist der dekorative Schlingenverschluß. Die schmalen Bändchen sind durchgezogene Schrägstreifen (siehe Seite 74). Band zur Schnecke aufrollen und von unten zusammennähen. Danach in beide Richtungen Schlaufen legen, Mitte zusammennähen und Bandende ebenfalls aufrollen.

Knotenknopf: Das Band in der Mitte knoten (a), dann festziehen (b), Knoten nach unten drehen und wieder knoten (c), festziehen (d), dabei immer auf die Bandführung achten. Je nach Stoffstärke nun das Band noch zwei- bis dreimal abwechselnd auf der Vorder- und Rückseite knoten (e).

3
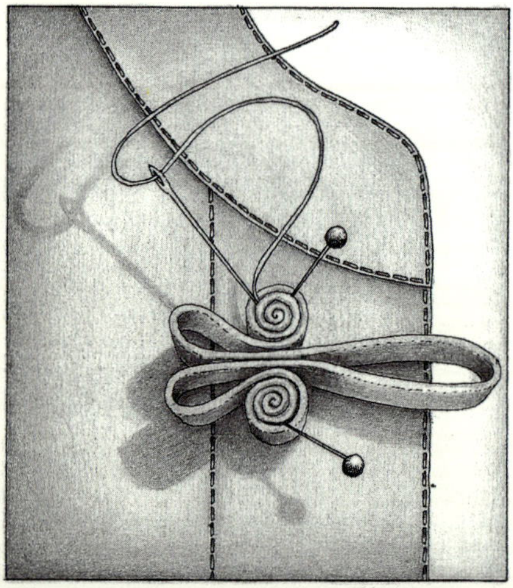

4
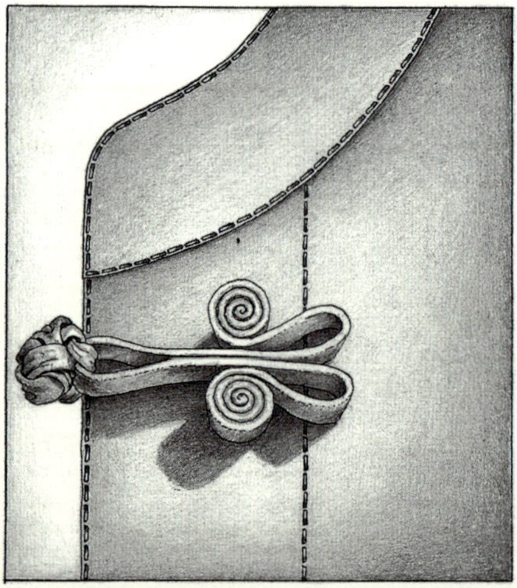

Pro Verschlußteil brauchen Sie 20 cm durchgezogenes Schrägband (zusammengelegt ist das Teil dann 6 cm lang). Damit der Knotenknopf nachher nicht rausrutscht, die Knopfschlaufe unterwärts mit ein paar Stichen zunähen. Das Verschlußteil nur in der Schneckenform auf der rechten Blendenkante festnähen.

Hier bekommt das Verschlußteil einen zusätzlichen Knotenknopf (siehe Zeichnung 2), dafür muß das Bändchen 25 cm lang sein. Das Verschlußteil so aufnähen, daß der Knotenknopf über die Blendenkante hinausragt.

Bändchenverschluß mit Stoff- oder Lederecken

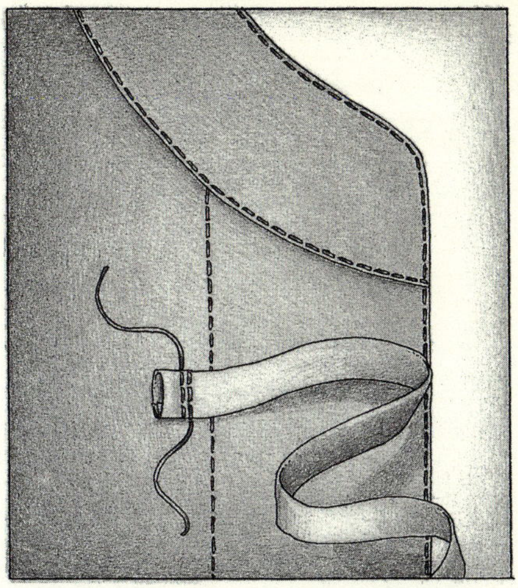

1

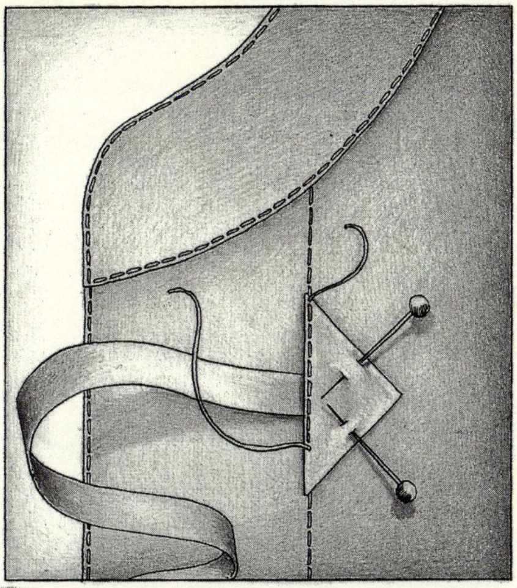

2

Für die Bänder 20 cm lange und 3 cm breite Schrägstreifen zuschneiden (siehe Seite 92). Schrägstreifen wie Schlaufen oder Träger „durchziehen“ (siehe Seite 74). Je ein Ende mit ein paar Stichen auf die Jacke nähen.

Zwei Stoffecken (circa 5 cm x 5 cm x 7 cm) pro Verschluß zuschneiden. Schnittkanten schmal umbügeln. Stoffdreieck über das Bandende stecken und knappkantig feststeppen.

Bei dickeren Stoffen können Sie den gleichen Verschluß aus Leder nähen. Weil Lederkanten nicht ausfransen, können sie offenkantig verarbeitet werden. Wenn Sie zum Befestigen der Lederecken statt Stecknadeln Haftvlies verwenden, lassen sich Lederecken besser feststeppen (Haftvlies gibt es als SB-Packung).

Verschiedene Taschenschlitze

Es gibt viele verschiedene Möglichkeiten, Taschenschlitze zu verarbeiten: Mit einem Reißverschluß, mit Paspeln, Klappen oder Leisten zum Beispiel. Die Vorbereitung (Zeichnung 1 bis 3) ist für alle Taschen gleich.

1

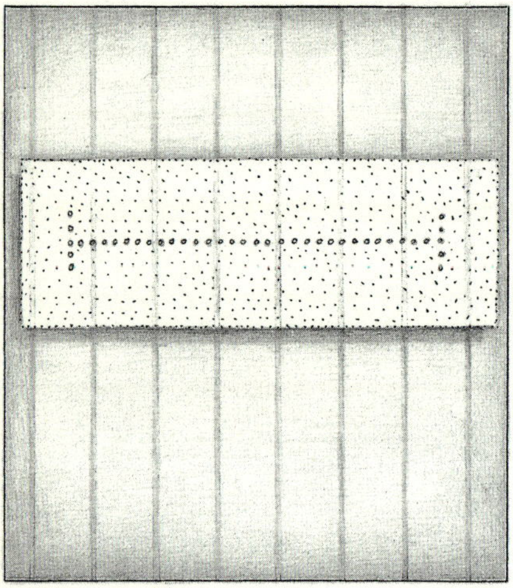

Vlieselinestreifen (4 cm breit) von links über die Schlitzmarkierung bügeln. Danach erst den Schlitz mit einem Heftfaden nach rechts kennzeichnen, sonst klebt der Faden fest. Schrägstreifen zuschneiden (siehe S. 92). Er muß mindestens 5 cm breit und 4 cm länger als die Schlitzmarkierung sein.

2

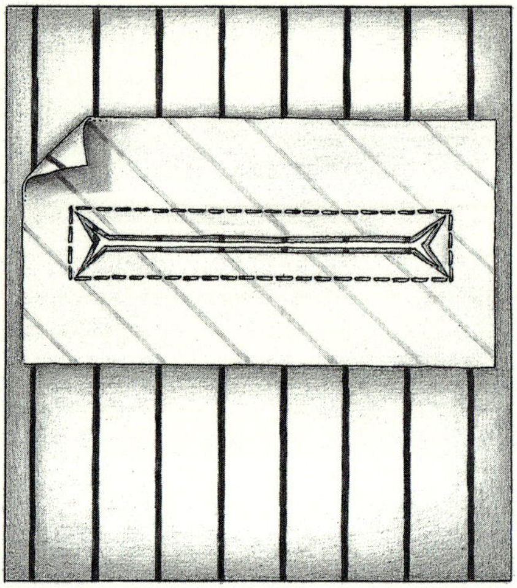

Die Schrägstreifenmitte rechts auf rechts über die Markierung stecken, das Teil wenden und den Schlitz von der linken Seite 1 cm breit umsteppen. Die Schlitzmitte aufschneiden und die Ecken genau bis zur Stepplinie schräg einschneiden.

3

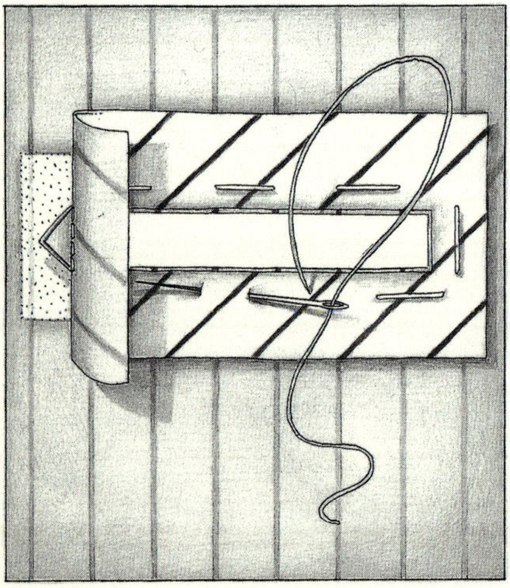

Den Schrägstreifen durch den Schlitz nach innen ziehen. Die Kante so heften, daß die Naht nur von links zu sehen ist. Schlitzkanten bügeln.

4

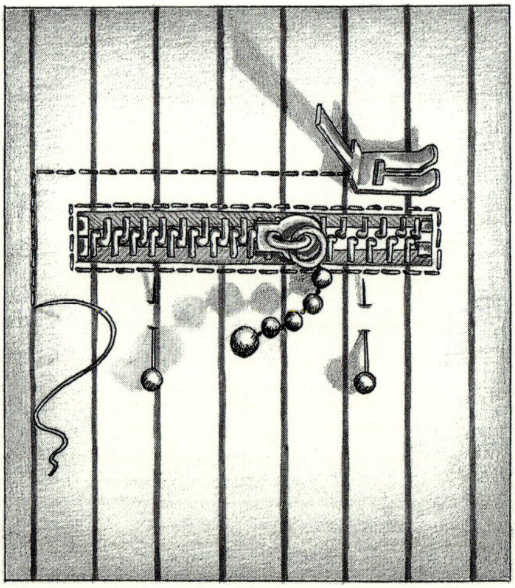

Tasche mit Reißverschluß: Einen Metallreißverschluß so in den Schlitz stecken, daß die Schiene sichtbar ist. Ihn nun zuerst mit dem halben Nähfuß knappkantig einsteppen, Nähfuß auswechseln und mit dem normalen Nähfuß noch einmal steppfußbreit daneben feststeppen.

Verschiedene Taschenschlitze

5

Bei dünnen Stoffen können Sie den Taschenbeutel aus demselben Stoff nähen, sonst aus Taft- oder Satinfutter. Für den Taschenbeutel einen geraden Streifen zuschneiden und an die untere Schrägstreifenkante steppen. Die Nahtzugaben auseinanderbügeln. Den Streifen hochkippen, die obere Kante über den Schrägstreifen legen und die Taschenbeutelkanten zusteppen.

6

Paspeltasche vorbereiten (Zeichnung 1 bis 3). Heftfaden wieder herausziehen und zwei Paspeln in den Schlitz schieben (Paspelkanten müssen genau aneinanderstoßen). Paspeln am Taschenschlitzrand knappkantig feststeppen. Taschenbeutel ansetzen (Zeichnung 5). Wenn Sie für den Taschenbeutel Futterstoff nehmen, auf sein oberes Ende ein Streifen aus dem Oberstoff steppen, weil man sonst das Futter sieht.

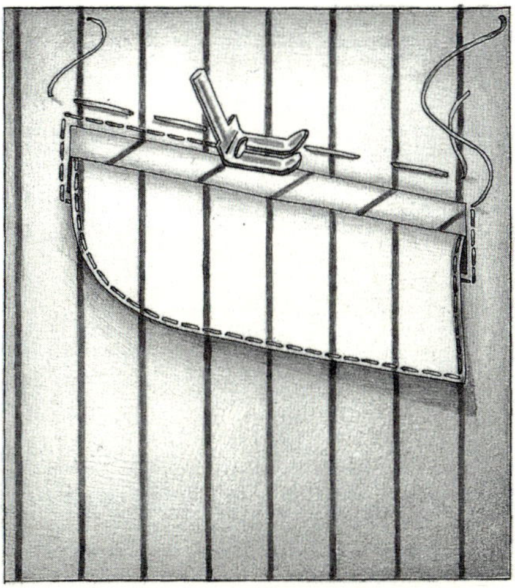

7

Schräge Paspeltasche mit eingeschobener Taschenklappe. Die Quersteppllinien am Taschenschlitz in diesem Fall genau senkrecht steppen. Die Taschenklappe doppeln, am Außenrand verstürzen und absteppen, danach in den Schlitz schieben und feststeppen. Taschenbeutel ansetzen.

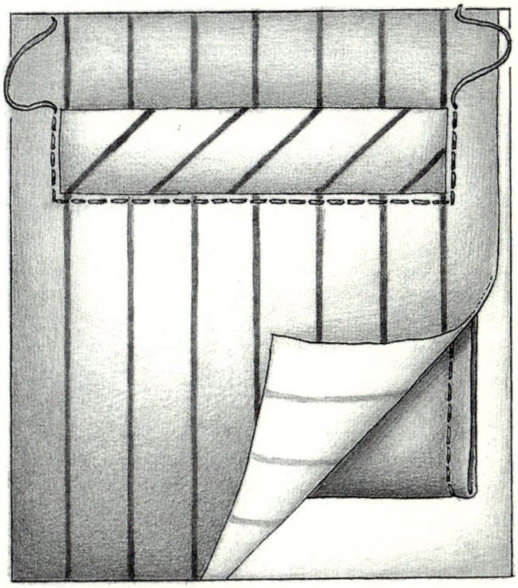

8

Leistentasche: Den Taschenschlitz, wie in den Zeichnungen 1 bis 3 gezeigt, vorbereiten, dann den Heftfaden entfernen. Hier nur den unteren Teil des Schrägstreifens als Paspel in den Taschenschlitz schieben und feststeppen. Taschenbeutel ansetzen.

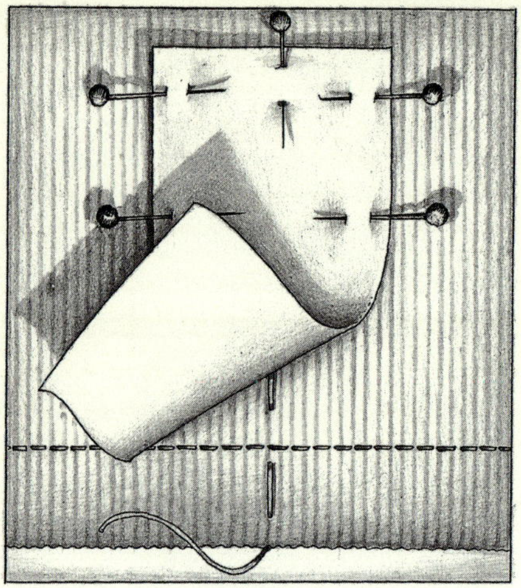

1

Hier ist als Beispiel das Kleid aus Rippenstrick von Seite 124/125 gezeichnet. Den Saum fertignähen: gesteppt sieht er am schönsten aus. Schlitzlänge markieren. Bei dehnbaren Stoffen – wie hier – den Schlitzbeleg aus festem, dünnem Stoff zuschneiden. Die Belegmitte rechts auf rechts über die Schlitzmarkierung stecken.

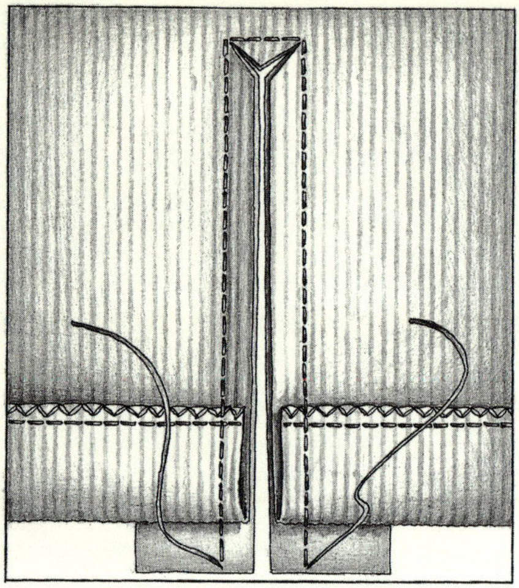

2

Den Schlitz nahtbreit umsteppen. Die Schlitzmitte bis 1 cm vor dem Ende aufschneiden und die Ecken genau bis zur Stepplinie schräg einschneiden.

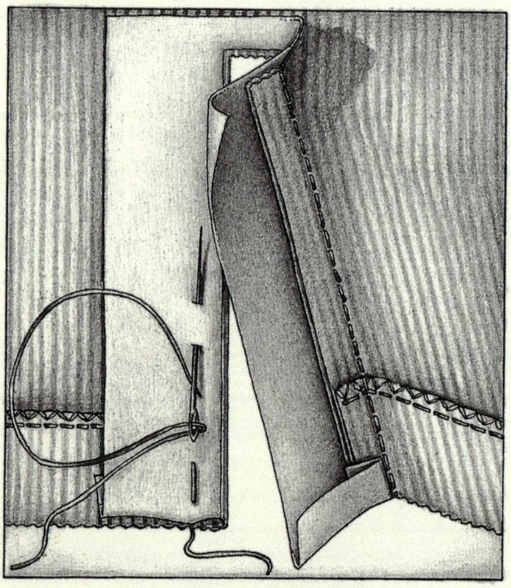

3

Den Beleg nach innen wenden. Die Belegkante am Saum ebenfalls einkippen. Den Schlitz so heften, daß die Naht nur auf der Innenseite zu sehen ist und gut bügeln.

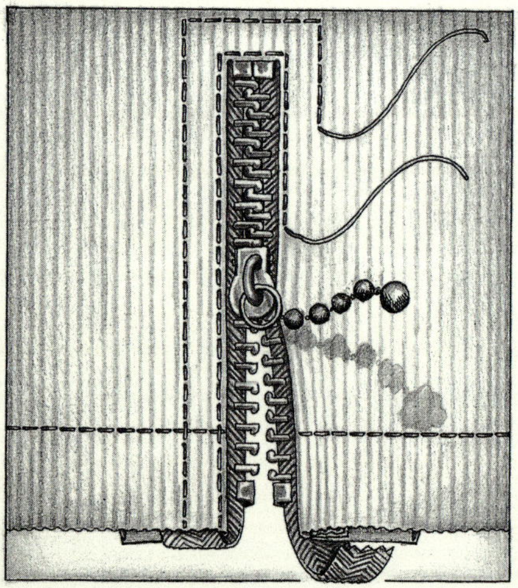

4

Die Schiene des Metallreißverschlusses sichtbar in den Schlitz stecken, die Enden der Reißverschlußbänder zwischen Saum und Beleg schieben und einheften. Den Reißverschluß zuerst mit dem halben Nähfuß knappkantig einsteppen, den Nähfuß wechseln und ihn dann noch einmal steppfußbreit daneben feststeppen.

Haken- und Ösenverschluß und Silbernieten

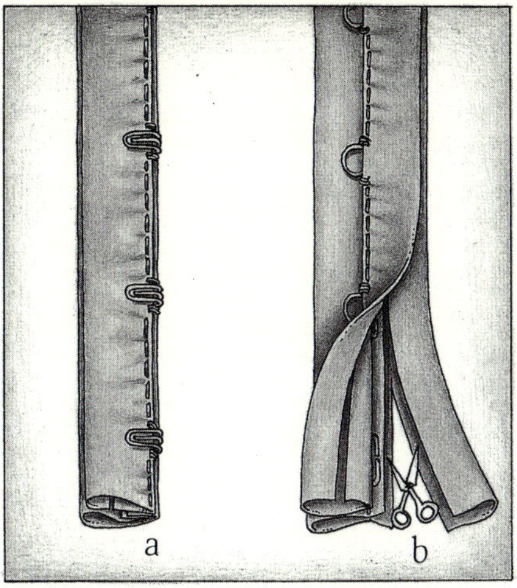

1

Haken- und Ösenband gibt es in Schwarz oder Weiß vom laufenden Meter. Kanten des Bandes in eine Richtung kippen (a). Von der mittleren Stofflage soviel wie möglich herausschneiden (b), damit die Verschlußkante später nicht zu dick wird.

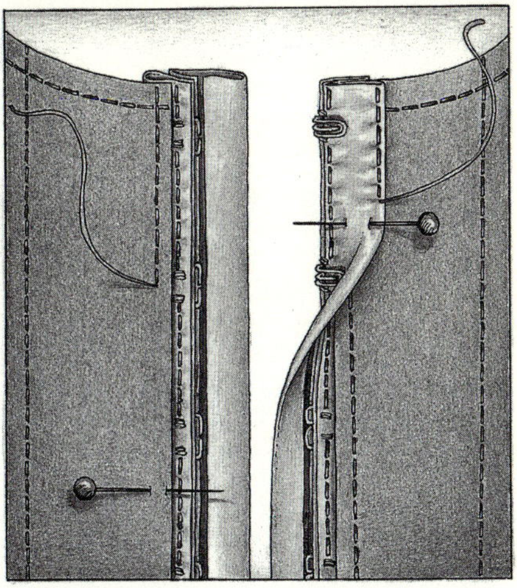

2

Verschlußkanten am Kleidungsstück wie einen Saum (3 cm breit) umsteppen. Ösenband von innen gegen die Verschlußkante stecken und mit dem halben Nähfuß knappkantig feststeppen. Dasselbe geschieht auch mit dem Hakenband. Nun das Band über die vordere Kante nach außen kippen und von rechts genauso feststeppen.

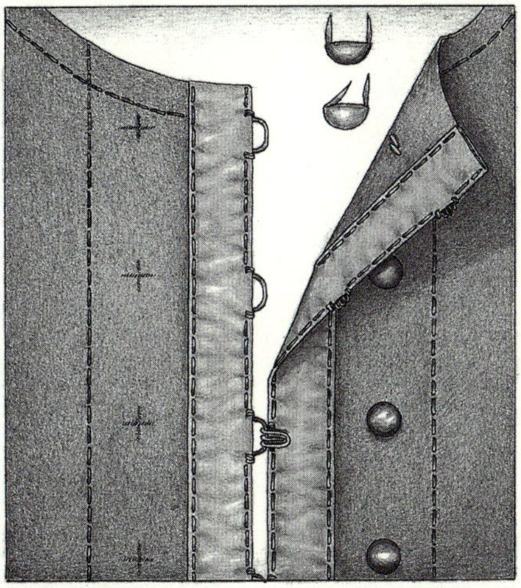

3

Silbernieten: Abstände gleichmäßig und paarweise einzeichnen. Die seitlichen Haken der Silbernieten vorsichtig durch den Stoff bohren und auf der Innenseite gegeneinander zudrücken.

Westenkanten umsteppen

1

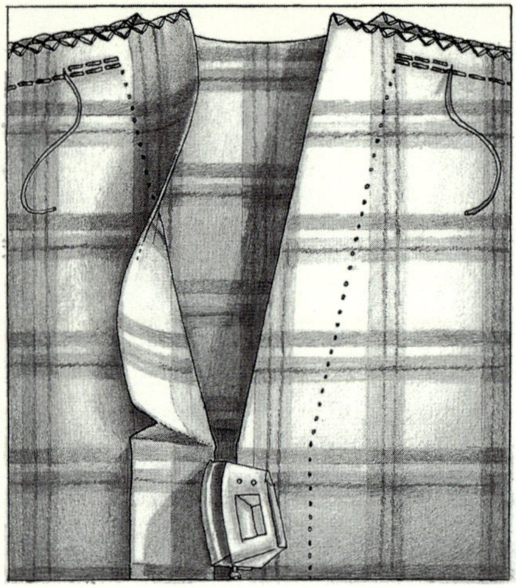

Hier ist als Beispiel die Weste von Seite 132/133 gezeichnet. Schulter- und Seitennähte bis zu den Querzeichen schließen und die Steppfäden vernähen. Die Nahtzugaben mit Zickzackstichen versäubern, dann auseinanderbügeln. Die vorderen Kanten umbügeln, dabei die Mehrweite an der V-Ausschnittspitze in je eine kleine Falte bügeln.

2

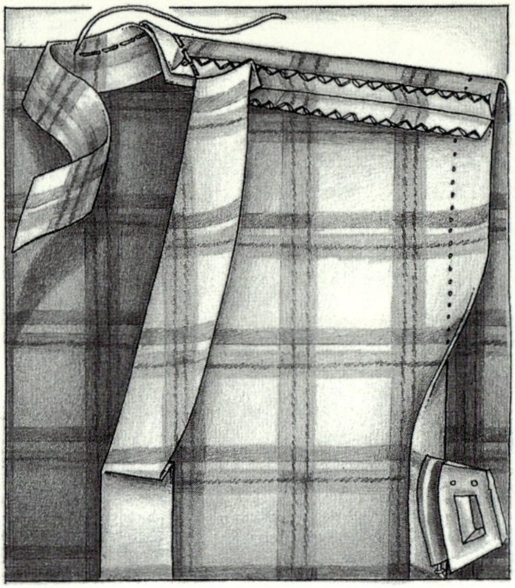

Für die rückwärtige Halsausschnittkante einen 4 cm breiten Formstreifen zuschneiden und die Kante damit verstürzen (siehe Seite 90). Die Nahtzugaben an der Armausschnittkante auch gleich umbügeln.

3

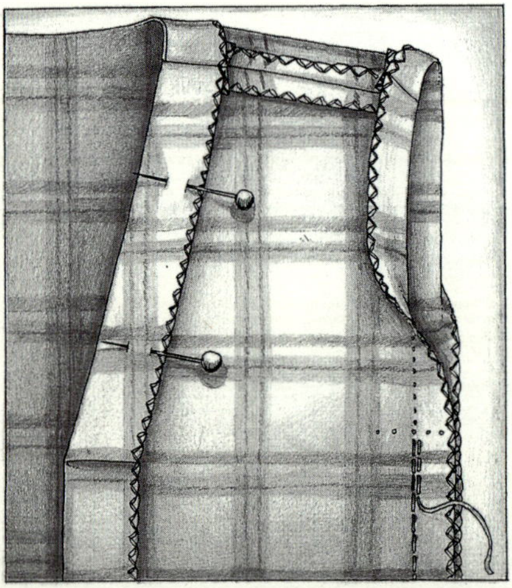

Die Schnittkanten an den Belegen mit Zickzackstichen versäubern und auf dem Oberstoff feststecken.

4

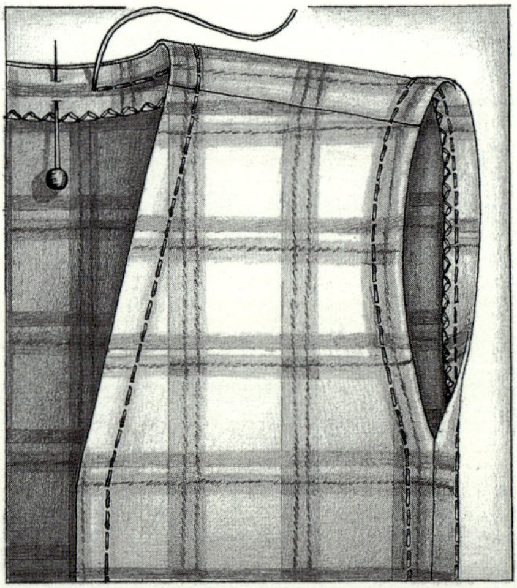

Etwa 2,5 cm breite Blendenkanten mit Handmaß und Schneiderkreide in kleinen Abständen abmessen. Die Belege in den Kreidelinien feststeppen. Westenkanten gut bügeln.

Lederfransen aufsteppen – Conchas befestigen

1

Die Weste von Seite 132/133 hat eine Lederpasse, Lederfransen und Conchas: Für die Fransen breite Lederstreifen (zwei vorn und einen hinten) bis kurz vor dem Ende in 1 cm breite Streifen einschneiden und auf die Weste stecken. Bei unserer Weste beachten, daß die Passenansatzkante schräg verläuft.

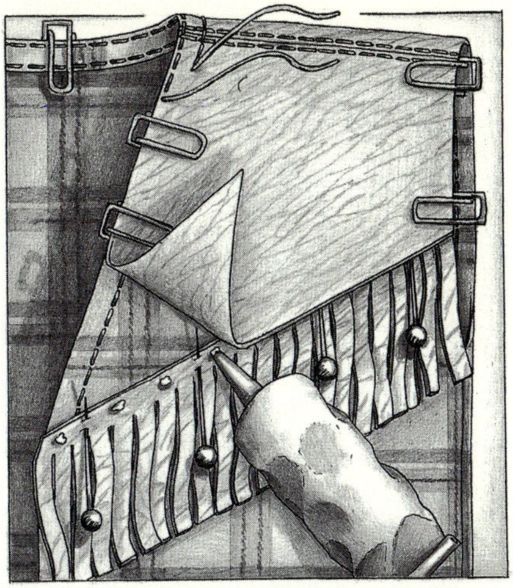

2

Die Schulternähte in der Lederpasse schließen, die Nahtzugaben beidseitig knappkantig flach steppen und die Passe mit Büroklammern auf der Weste befestigen. Die unteren Passenkanten pünktchenweise auf den Fransenansatz kleben. Den Klebstoff erst trocknen lassen, danach alle Kanten knappkantig und steppfußbreit daneben feststeppen.

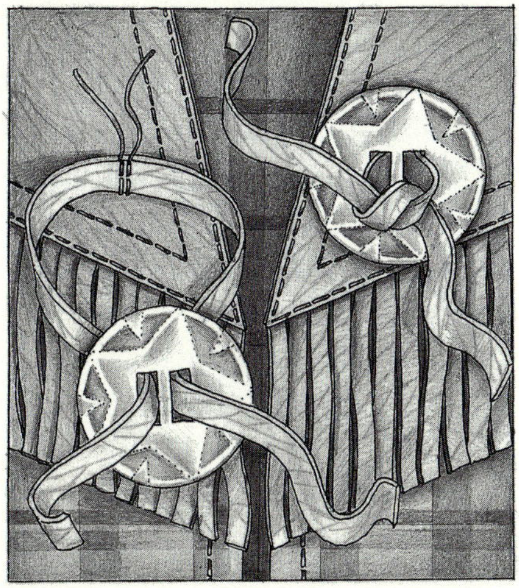

3

Conchas befestigen: Schmale Lederbänder zuschneiden. Die Mitte des Lederbandes mit ein paar Stichen auf die Ecken der Lederpasse nähen. Die Enden durch die Concha-Schlitze ziehen und verknoten.

4

Conchas haben keine Funktion, sind aber sehr dekorativ, wie Sie hier noch einmal beim Rückenteil der Lederpasse sehen können.

Jackenkanten mit Briefecken

Briefecken lassen sich nicht nur im rechten Winkel – wie hier – nähen, sondern auch im stumpfen oder spitzen Winkel. Hauptsache, die Kanten werden akkurat gebügelt.

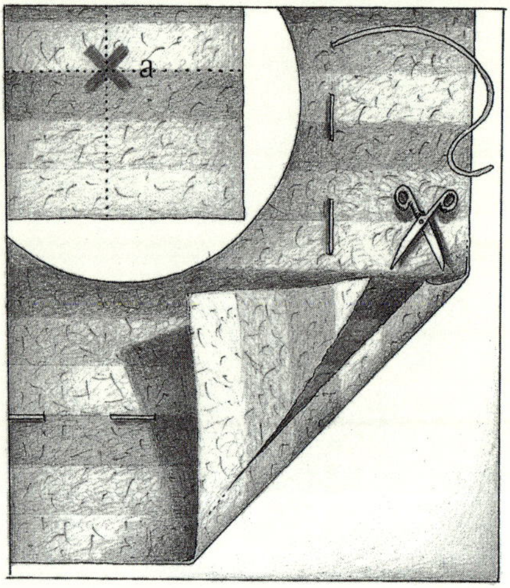

1

Die Schnittlinien mit einem Heftfaden zur rechten Stoffseite kennzeichnen. Die Stoffecken nach innen umbügeln, dabei genau den Kreuzpunkt (a) (siehe kleine Zeichnung) auf der Diagonalen treffen. Die Stoffecke bis 1 cm vor dem Stoffbruch abschneiden.

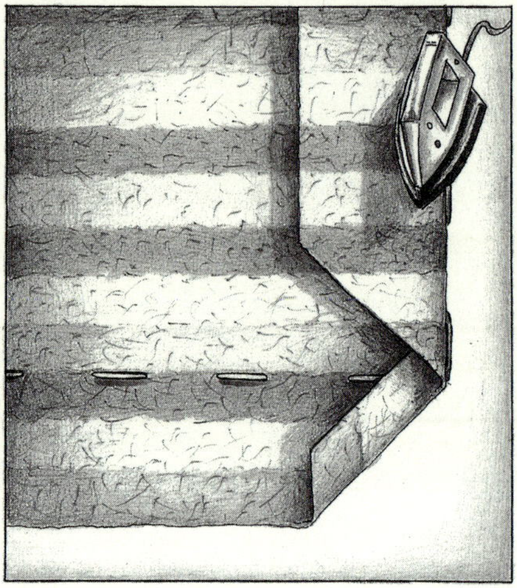

2

Nun den Saum am Heftfaden entlang nach innen umbügeln. Bei dickeren Wollstoffen, zum Beispiel bei der Jacke von S. 128/129, können Sie mit viel Wasserdampf bügeln, zum Trockenbügeln dann ein Bügeltuch dazwischenlegen, damit der Stoff nicht blank wird oder gar versengt.

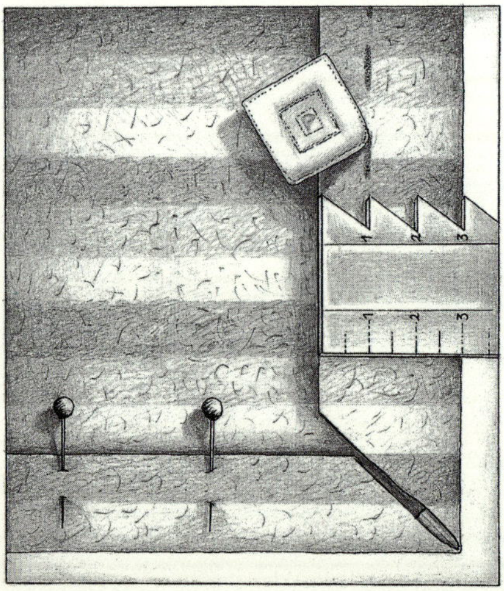

3

Die fertige Blendenbreite mit Handmaß und Schneiderkreide in kleinen Abständen abmessen. Den überstehenden Saumeinschlag bis auf 1 cm Breite gleichmäßig abschneiden und einkippen. Beim Feststecken die Stecknadeln quer in den Saum einstechen.

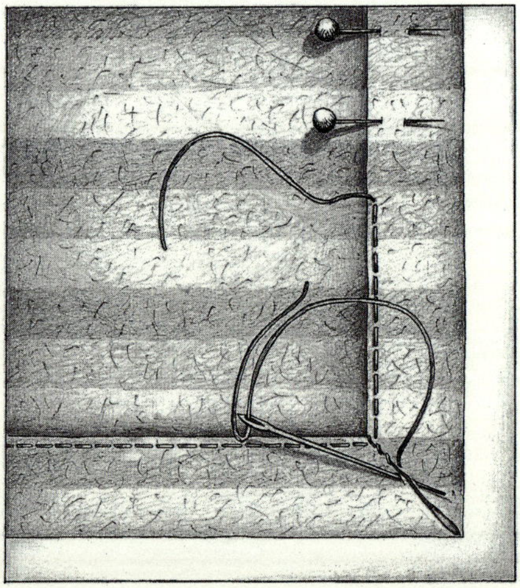

4

Den Blendensaum knappkantig feststeppen, dabei entweder die Stecknadeln jeweils kurz vor dem Steppfuß herausziehen, oder vorsichtig über die Nadeln nähen. Die diagonale Naht an der Briefecke mit kleinen Stichen mit der Hand zunähen.

Volantrock und Karorock von Seite 24/25

Auch für Anfänger leicht zu nähen sind Röcke aus geraden Teilen – zum Beispiel die beiden Modelle von Seite 24/25. Beide haben weiße Unterröcke.

Material für Volantrock mit Spitze: Drei verschiedene Stoffmuster: 1,00 m für den Volant, 0,40 m für die obere Rockstufe und 0,10 m für das Bündchen, alle 1,40 m breit; 1 Reißverschluß, 18 cm lang; Bundfix und Knopf; etwa 2,60 m Durchzugspitze und 2,40 m Satinband.
Zuschneiden und nähen: Stoff für den Volant halbieren (0,50 m x 1,40 m) und Bündchenstreifen je nach Taillenweite kürzen. Die obere Rockstufe bis auf einen 18 cm langen Schlitz zusammensteppen. Reißverschluß einnähen (siehe Seite 78). Die obere Rockkante auf Taillenweite einkräuseln. Ein festes Bündchen an den Rock steppen und Bündchen mit Knopf und Knopfloch schließen (siehe Seite 66/67 und 76). Nähte des Volants schließen. Die obere Volantkante einkräuseln und unter die Rockstufe steppen. Rocksaum umsteppen. Das Satinband in die Spitze ziehen und auf den Volantansatz nähen (siehe Seite 65).

Material für Unterrock: 1,40 m weißer Baumwollstoff, 1,40 m breit; 2,80 m Abschlußspitze, Bundfix und Knopf.
Zuschneiden und nähen: Zwei Stoffbahnen 0,45 m x 1,40 m für den Volant und eine Stoffbahn 0,40 m x 1,40 m für die obere Rockstufe zuschneiden. Den Unterrock bis auf den Rocksaum wie den Volantrock fertignähen. Abschlußspitze an die Rocklänge steppen (siehe Seite 68).

Material für Karorock: 2,15 m karierter Baumwollstoff, 0,90 m breit; 1 cm breites Gummiband.
Zuschneiden und nähen: Zwei Stoffbahnen 0,90 m x 0,90 m abschneiden. Aus dem restlichen Stoff zwei Taschen von 34 cm x 26 cm zuschneiden.
Die Rocknähte bis auf 40 cm lange Seitenschlitze mit 3 cm breiten Nahtzugaben schließen, dabei an einer Naht einen Schlitz für Gummiband offenlassen. Saum und Schlitzkanten umsteppen (siehe Seite 60). Die obere Rockkante für das Kräuselbündchen 3 cm breit umsteppen (siehe Seite 64) und zwei Gummibandreihen auf Taillenweite einziehen. Die Taschen auf den Rock steppen (siehe Seite 95).

Material für Unterrock: 1,50 m Tupfenbatist, 1,40 m breit; Bundfix und Knopf.
Zuschneiden und nähen: Zwei Stoffbahnen 0,50 m x 1,40 m für den Volant und eine Stoffbahn 0,40 m x 1,40 m für die obere Rockstufe zuschneiden. Aus dem Rest ein Bündchen zuschneiden. Die Rocknaht bis auf einen 20 cm langen Schlitz zusteppen. Schlitzkanten 1 cm breit umsteppen und obere Rockkante auf Taillenweite einkräuseln. Rockbündchen ansetzen und mit Knopfverschluß schließen (siehe Seite 66/67). Die Nähte im Volant schließen. Den Rocksaum mit der Maschine umsteppen (siehe Seite 58). Die obere Volantkante einkräuseln und unter die Rockstufe steppen (siehe Seite 65).

Kräuselröcke nähen
Einfach und schnell genäht sind Röcke aus zwei geraden Teilen: Rocknähte schließen, oben und unten säumen und Gummiband in den oberen Saum einziehen.

Rüschen auf einen Rock steppen

Die Rüschenbreite richtet sich nach der Anzahl der Rüschen.
Wenn Sie mehrere Rüschen an einen Rock nähen wollen, empfiehlt sich folgende Rüschenbreite: bei vier Rüschenreihen 8 bis 10 cm, bei drei Rüschenreihen 12 bis 14 cm.

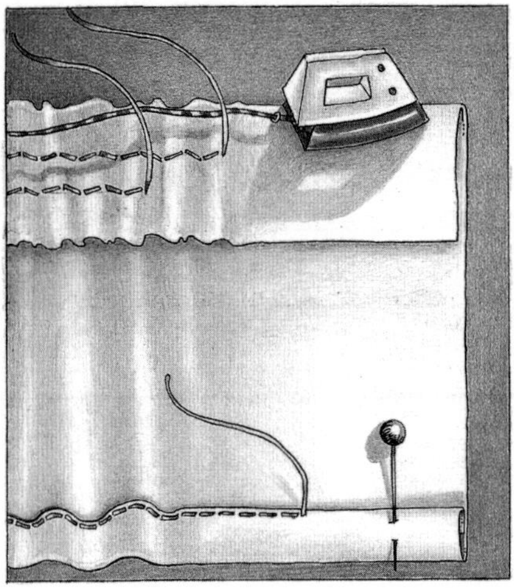

1

Rüschensaum schmal umsteppen. Die obere Schnittkante 1,5 cm nach innen umbügeln und die Kante zweimal jeweils steppfußbreit voneinander entfernt einkräuseln (siehe Seite 62).

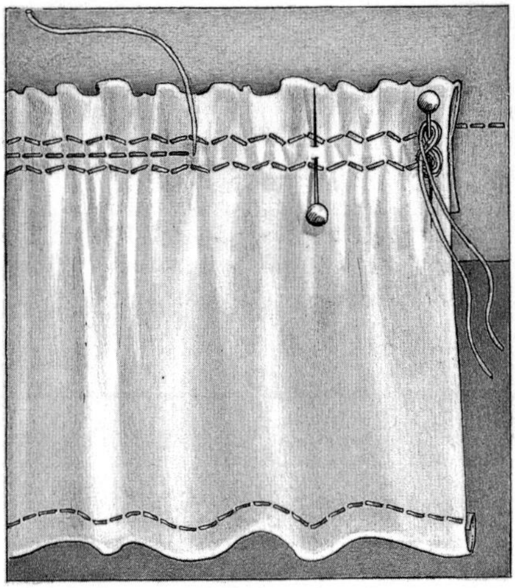

2

Zum besseren Verständnis ist die Rüschenkante in der Zeichnung noch offen. Normalerweise wird sie zum Ring geschlossen. Mit der <u>untersten</u> Rüsche beginnen: Kräuselkante auf den Rocksaum stecken und zwischen beiden Kräuselfäden feststeppen.

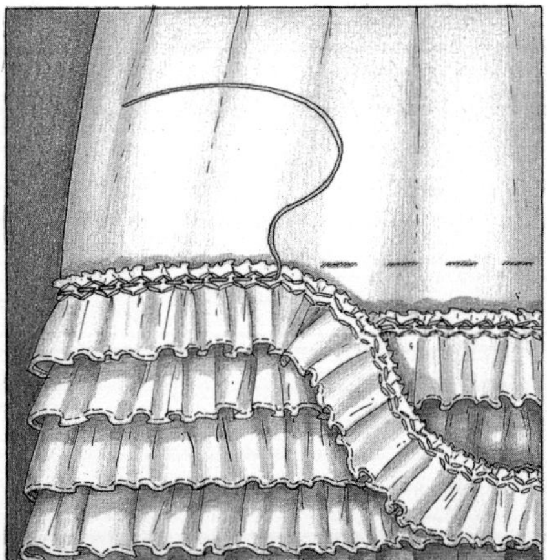

3

Alle weiteren Rüschen so aufsteppen, daß das Rüschenköpfchen jeweils von der nachfolgenden Rüsche verdeckt wird.

Tellerrock ohne Schnitt

Einen Tellerrock können Sie ganz ohne Schnitt zuschneiden: Stoffmenge und Stoffbreite richten sich nach der Rocklänge. Wenn ein 85 cm langer Tellerrock keine Ansatznähte haben soll, muß der Stoff mindestens 1,20 m breit sein. Errechnet wird der Durchmesser für beide Kreisbogen aus Rocklänge und Taillenring. Ein Radius von 12 cm ergibt eine glatte Taillenweite für Größe 38/40. Soll der Taillenring eingekräuselt oder in Hüfthöhe angesetzt werden, muß der Radius entsprechend größer sein.

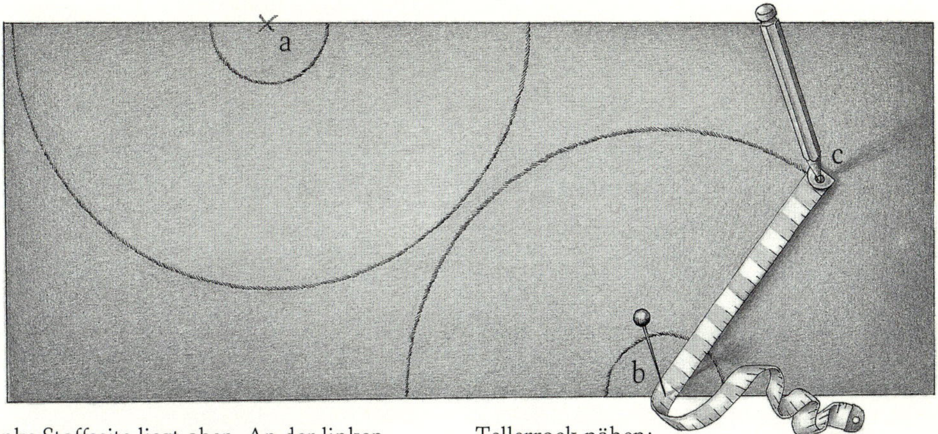

1

Die linke Stoffseite liegt oben. An der linken oberen Webekante beginnen: Rocklänge plus Saum und Radius für Taillenring abmessen. Punkt durch x (a) markieren. Maßband anlegen und bei x mit dem Daumen oder einer Nadel (b) festhalten. Einen Bleistift in das Loch am Maßbandende (c) stecken und so beide Kreisbogen auf den Stoff zeichnen. Beim zweiten Halbkreis einen Zwischenraum für zwei Säume frei lassen. Mit gleich breiten Säumen zuschneiden.

Tellerrock nähen:
Rockseitennähte bis auf einen 18 cm langen Reißverschlußschlitz steppen. Reißverschluß einnähen (siehe Seite 78). Ein festes Bündchen ansetzen und mit Knopfverschluß schließen (siehe Seite 66/67). Den Rock ein paar Tage auf einen Spannbügel klemmen, damit sich der schräge Stoff aushängen kann. Danach Rocklänge abstecken (siehe Seite 58). Bei Baumwollstoffen den Saum schmal umsteppen, bei Wollstoffen den Saum (höchstens 3 cm breit) mit der Hand hohl annähen.

Sonnenplissee
Wenn Sie einen Rock plissieren lassen wollen, müssen Sie – wie beim Tellerrock – zwei Halbkreise zuschneiden. Wichtig: Taillenring nur wenig ausschneiden. Die zugeschnittenen Teile zum Plissieren geben. Nach dem Plissieren den Taillenring auf Hüftweite ausschneiden. Ein verschlußloses Bündchen an den Rock steppen und die Weite durch Gummiband regulieren. (Adressen für Plissieranstalten stehen auf den gelben Seiten im Branchenverzeichnis.)

Register des Technikteils

Tips und Tricks, die weiterhelfen

Falls Sie einen der hier erklärten Arbeitsvorgänge oder eine Zeichnung nicht verstehen: sehen Sie sich an einem konfektionierten Kleidungsstück an, wie zum Beispiel eine Hosentasche, ein Kragen, ein Reißverschluß oder ein Bündchen gearbeitet ist. Das hilft oft weiter.

▪ Es lohnt sich, mit ganz billigen Stoffen ein bißchen herumzuexperimentieren. Sie gehen später viel unbefangener an die Näharbeit heran. Und mit der Routine kommt der Spaß.

▪ Teilen Sie den Spaß – und die Kosten – beim Nähen mit jemanden, der auch Lust dazu hat. Eine Zuschneideschere, ein langes Lineal und andere Kleinigkeiten kann man gut gemeinsam anschaffen.

▪ Wenn Sie an einem Schnitt etwas geändert haben, notieren Sie direkt auf dem Schnitteil, was das war. Gutsitzende Schnitte, die Sie öfter verwenden wollen – zum Beispiel Hosenschnitte –, sollten Sie auf festeres Papier (Packpapier) übertragen. Das lohnt sich, wenn der Schnitt oft gebraucht wird.

▪ Wenn Sie kleine Kinder oder Haustiere haben, sollten Sie mit Stecknadeln arbeiten, die gut sichtbare Glasköpfe haben. Sie lassen sich nach der Arbeit leichter einsammeln.

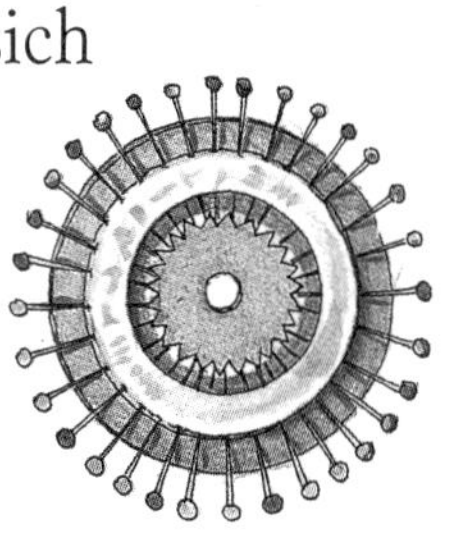

Nähen ohne Schnitt

Hier und auf den nächsten Seiten finden Sie Sachen, die so einfach sind, daß Sie dafür keinen richtigen Schnitt, sondern nur ein Schnittschema brauchen. Die rote Wolljacke wurde aus einer preiswerten Wolldecke mit Fransenkanten genäht.
Arbeitsanleitung und Schnittschema auf Seite 130/131.

Kleid aus Rippenstrick

Dieses attraktive Kleid ist nichts weiter als ein Stück Rippenstrickstoff, den Sie – zum Schlauch gewirkt – in verschiedenen Breiten kaufen können. Ein Gummizug hält das Ganze, ein kurzer Reißverschluß im Rocksaum macht das Kleid komplett. Arbeitsanleitung auf den nächsten Seiten. Modische Variante: Über dem Rocksaum ein paar Reihen schmaler Stoffvolants (siehe Seite 118) oder eine breite Rüsche aus Taft ansetzen. So wird's ein richtiges Partykleid.

Kleider aus Rippenstrick und Jersey

Material für weißes Kleid: 1,00 m Rippenstrickstoff im Schlauch, circa 0,80 m weit (beim Kauf ausprobieren, welche Breite paßt); einen Streifen fester Baumwollstoff für den Reißverschlußschlitz, 70 bis 75 cm Gummiband, 2 cm breit, ein Metallreißverschluß.

Weißes Kleid: Schnittschema und Zuschneiden entfallen hier, da Sie das Kleid ja schon „zugeschnitten" kaufen. Die Schnittkanten mit dichten Zickzackstichen versäubern. Die obere Kante 10 cm, die untere Kante 2 cm breit umbügeln und feststeppen. Die Kanten werden beim Steppen etwas ausleiern, bügeln Sie sie mit reichlich Dampf wieder ein. Die obere Kante für den Gummizug, der das Kleid überm Busen hält, noch einmal gut 2 cm neben der Steppkante durchsteppen, Gummiband einziehen. Weite ausprobieren und die Enden übereinandersteppen. Den Reißverschlußschlitz am Rocksaum verstürzen und den Reißverschluß sichtbar einsteppen (Technik Seite 112).

Ein paar gerade Nähte – und dieses Kleid aus dünnem Kunstseidenjersey paßt ohne Probleme. Der Witz daran: Das Oberteil ist aus einer doppelten Stofflage genäht und sitzt ziemlich fest. So können es auch Frauen mit mehr Busen ohne BH tragen. Arbeitsanleitung und Schnittschema siehe rechts.

Material für schwarzes Kleid: 2,30 m sehr dünner Jersey, 1,40 m breit.

Schwarzes Kleid: Auch hier ist eigentlich alles nur Berechnung, dennoch finden Sie ein einfaches Schnittschema mit Maßangaben (in Zentimeter) auf der Zeichnung rechts. Für das Oberteil zwei Bahnen circa 0,70 m x 0,50 m breit zuschneiden, für den Rock zwei Bahnen von circa 1,40 m Breite und 0,80 m Länge. (Die Länge richtet sich nach der gewünschten Rocklänge.) Faustregel für die Breite der Stoffbahnen: je dünner der Stoff, desto mehr Weite kann der Rock vertragen.

Nähen

Die beiden Stoffteile fürs Oberteil durch Seitennähte verbinden. Berechnen Sie das Oberteil recht engsitzend, lassen Sie aber vorsichtshalber reichlich Nahtzugaben dran. Den so entstandenen Schlauch nun zur Hälfte umlegen und anprobieren. Die Nähte können in der Taille auch ganz leicht enger werden. Erst nach der Anprobe die Seitennähte und den Stoffbruch bügeln. Die unteren Stoffkanten aufeinanderlegen, zusammen mit Zickzackstichen versäubern und mit Band fixieren, damit die Kante nicht ausleiert. In der vorderen und rückwärtigen Mitte der Rockansatzkante Knipszeichen anbringen, damit Sie später die Rockkräusel gleichmäßig verteilen können. Nun die Rocknähte schließen, auch hier in der jeweiligen Mitte Knipszeichen anbringen. Die Rockkante einkräuseln (Technik Seite 62). Das Oberteil auf den Rock steppen (eventuell erst heften und anprobieren). Sehr wichtig ist hier, daß die Seitennähte und die Knipszeichen aufeinandertreffen. Tip: Die Kräuselweite so verteilen, daß der Rock vorn und hinten stärker gekraust ist als an den Seiten, das macht schlanker. Die Nahtzugaben von Rock und Oberteil hochkippen und die Ansatzkante flach steppen. Träger nähen (Technik Seite 74), Kleid anprobieren und Rocklänge festlegen. Saum umnähen.

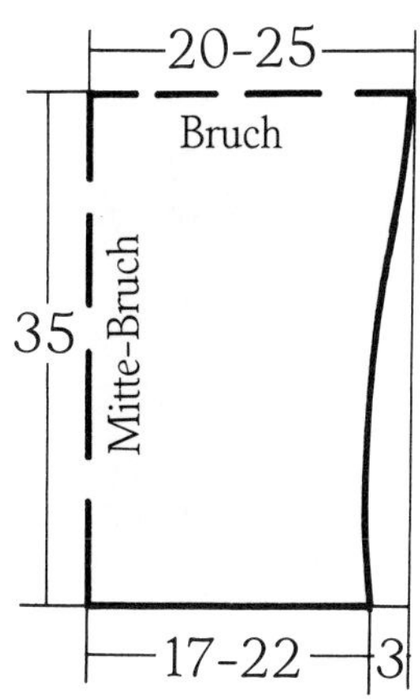

Jacke mit umgesteppten Kanten

Diese warme, verschlußlose Jacke wurde nach dem gleichen Schnittschema genäht wie die rote Fransenjacke von Seite 122/123. Auch sie entstand aus einer preiswerten Wolldecke – allerdings ohne Fransen. Deshalb müssen alle Kanten umgesteppt werden, das gibt [illegible] insgesamt etwas mehr Festigkeit. S[illegible] Wolldecke können Sie auch jeden a[illegible] Wollstoff verwenden. Er sollte nur nicht [illegible] dünn sein und schön weich fallen. Arbeitsanleitung und Schnittschema auf der nächsten Seite.

Verschlußlose Jacke mit umgesteppten Kanten

Material: Eine Wolldecke mit oder ohne Fransenkanten, 1,60 m x 1,30 m groß oder Wollstoff in derselben Breite und Länge.

Zuschneiden: Die Maße vom Schnittschema (in Zentimeter angegeben) mit Lineal und Schneiderkreide direkt auf den Stoff übertragen und zuschneiden. Die Armlöcher bis * einschneiden.

Nähen: Die Schulternähte bis + schließen und die Steppfäden vernähen. Die Nahtzugaben auseinanderbügeln, die Schnittkanten schmal einkippen und knappkantig feststeppen. So sehen die Nähte sauber aus. Das ist wichtig, weil die Jacke nicht gefüttert wird. Die unteren Ärmelnähte mit einer echten Kappnaht (Technik Seite 55) schließen und die Ärmel in die Jacke nähen. Alle Jackenkanten umsteppen (Technik Seite 116). Zum Schluß die Taschen aufsteppen (Technik Seite 95).

Rote Jacke mit Fransen (von Seite 122/123): Diese Jacke wird im Prinzip genauso gearbeitet wie die oben beschriebene. Mit einem Unterschied: Die oberen Ausschnittkanten werden hier zusammen mit den Schulternähten umgesteppt. Und die Ärmel haben statt Stoffbruch Extranähte, weil hier noch mal die dekorative Fransenkante zur Geltung kommen soll. Also: Die Fransenkante der Vorderärmel auf die rückwärtigen Ärmelteile steppen. Dann die Ärmel, wie schon beschrieben, einsetzen.

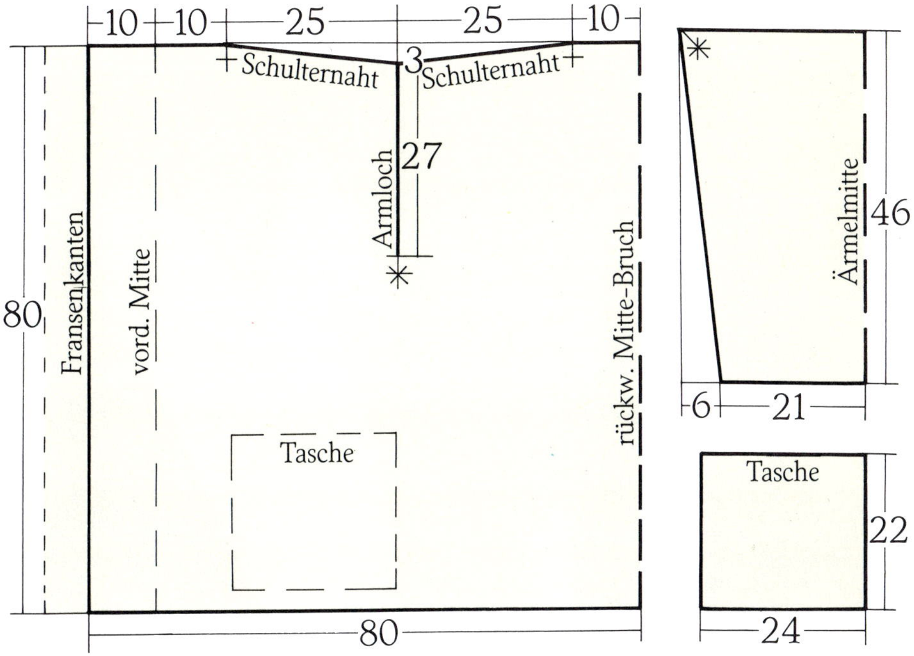

Schnittschema für beide Jacken

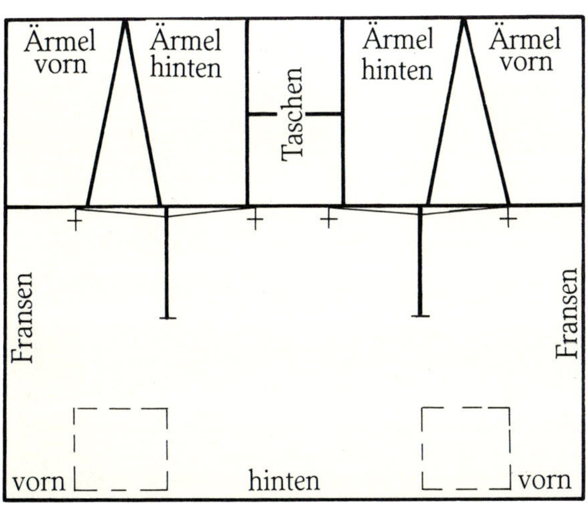

Wolldecke mit Fransen – richtig aufgeteilt

ESPRIT

Karoweste mit Lederpasse

Für diese Weste müssen Sie nur richtig kombinieren und Sie haben ein echtes Einzelstück! Hier wirkt sie durch die Zusammenstellung von Karostoff und Nappaleder, Conchas und Fransenkanten. Viele andere Kombinationen sind möglich: zum Beispiel blauer Jeansstoff mit braunem Leder oder schwarzer Jeansstoff mit schwarzem Leder, mit Nieten besetzt oder farbig abgesteppt. Arbeitsanleitung und Schnittschema auf den nächsten Seiten.

Karoweste mit Lederpasse

Material: 0,80 m Wollstoff, 1,40 m breit; zwei circa 0,50 m x 0,65 m große Lederstücke, sieben Conchas.

Zuschneiden: Sie können das Schnittschema zwar direkt auf den Stoff übertragen (Maße in Zentimeter), für den Einkauf des Leders ist es jedoch besser, wenn Sie einen Papierschnitt anfertigen und die Passenteile herauskopieren. Lederfelle sind nämlich sehr unterschiedlich groß, und Sie können Geld sparen, wenn Sie den Schnitt für die Passenteile mitnehmen und gleich richtig entsprechend große Lederfelle kaufen. Vorder- und Rückenteil mit breiten Nahtzugaben zuschneiden und nur für den rückwärtigen Halsausschnitt einen 4 cm breiten Formstreifen zuschneiden. Die Passenansatzkanten mit Heftfäden markieren. Die Passenteile nur an den Schulterkanten mit 1 cm breiten Nahtzugaben zuschneiden. Für die Fransenkante drei Extrastreifen von 16 cm Breite zuschneiden, Schrägung der Passe beachten. Alle Arbeitsvorgänge für diese Weste sind im Technikteil auf den Seiten 114/115 genau beschrieben. Schauen Sie sich diese Seiten unbedingt vor Arbeitsbeginn an.

Nähen: Schulter- und Seitennähte bis zu den Querzeichen schließen. Nahtzugaben und Belegkanten mit Zickzackstichen versäubern und umbügeln. Die rückwärtige Halsausschnittkante mit einem Formstreifen verstürzen. Den Westensaum umbügeln und alle Kanten rundherum durchsteppen. Nun die Lederfransenstreifen in den markierten Linien auf die Weste stecken. Schulternähte der Lederpasse schließen und die Passe auf die Weste steppen, Conchas befestigen (Technik Seite 114/115).

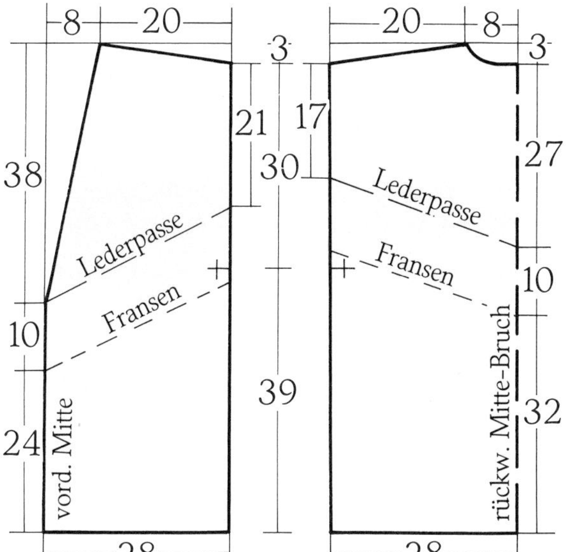

Schnittschema für Karoweste mit Lederpasse
(Maße entsprechen etwa Größe 38/40)

Kleid mit doppeltem Tellerrock

Zwei tellerweite Stoffbahnen aus dünner Baumwolle, verschieden lang und oben leicht angekraust, an ein knappsitzendes Turnhemd oder T-Shirt nähen: fertig ist dieses luftige Sommerkleid. Sie können das Kleid auch mit nur einem Tellerrock nähen, dann sollte der Stoff allerdings nicht durchsichtig sein wie hier. Falls Stoff und T-Shirt aus Baumwolle ohne Beimischung sind, läßt sich das Kleid auch in jeder Farbe einfärben. Und ganz toll sieht es in Schwarz aus!
Sie können das Kleid aber auch nur aus Stoff nähen: kombinieren Sie dann einfach einen unserer Schnitte für Tops (Seite 36–39) mit dem Tellerrock. Arbeitsanleitung und Schnittschema finden Sie auf den nächsten Seiten.

Kleid mit doppeltem Tellerrock

Material: Turnhemd oder T-Shirt als Oberteil; 6,30 m dünner Baumwollstoff (Batist), 0,90 m breit oder 5,00 m Stoff, 1,40 m breit. Wenn Sie nur einen Tellerrock haben wollen, brauchen Sie 3,25 m Stoff, 0,90 m breit oder 2,75 m Stoff, 1,40 m breit.

Zuschneiden: Für die beiden Röcke – wie im Schnittschema angegeben (Zahlen in Zentimeter) – zwei Halbkreise auf die linke Stoffseite zeichnen. Der Überrock ist kürzer und in der Taillenansatzlinie weiter. Wenn Sie unsicher sind, weil Sie ja recht viel Stoff verbrauchen: einen einfachen Papierschnitt anfertigen.

Nähen: Seitennähte der beiden Röcke schließen. Die oberen Kanten beider Röcke einkräuseln (Technik Seite 62), aufeinanderstecken und zusammenheften. Das Turnhemd anziehen und die Rockansatzlinie darauf markieren. Die Ansatzlinie von innen mit einem dünnen Band unterlegen, damit die Ansatzkante nicht ausleiert und genau die gewünschte Weite hat. Den Rock annähen, die Nahtzugaben in das Oberteil kippen und die Naht noch mal von rechts schmal durchsteppen. Das Kleid auf einem Bügel aushängen lassen, weil sich schräggeschnittener Stoff leicht verzieht. Nun erst die Rocklängen abstecken. Die Säume mit der Maschine ganz schmal umsteppen (Technik Seite 58).

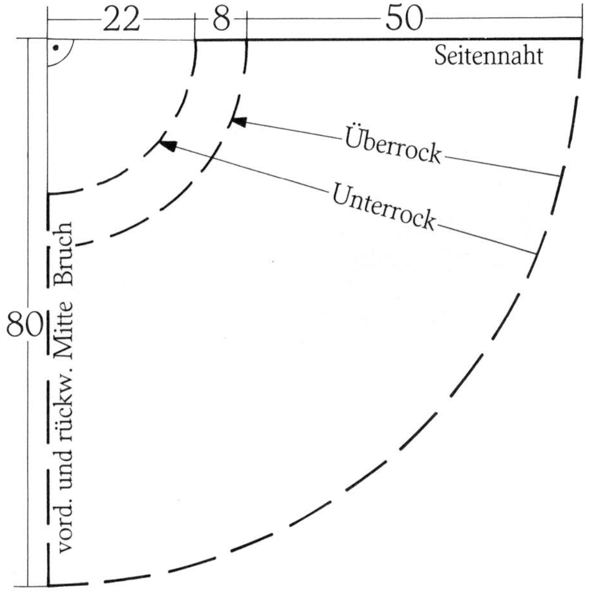

Schnittschema für doppelten Tellerrock

Top mit angeschnittenen Ärmeln

Dieses supereinfach geschnittene Top wirkt vor allem durch den Stoff und die Strickbündchen in Kontrastfarbe. Geeignet dafür sind alle Arten von Jersey und andere dehnbare Strickstoffe. Da die Ärmel gleich angeschnitten sind, hat der Pulli nur zwei Seitennähte. Und die Bündchen aus schmalgeripptem Strickstoff sind auch schnell angenäht. Für den Sommer lassen sich nach diesem Schnitt im Handumdrehen jede Menge witzige T-Shirts nähen, im Winter – aus Strickstoff – richtige Pullis. Arbeitsanleitung und Schnittschema auf der nächsten Seite.

Top mit angeschnittenen Ärmeln

Material: 1,00 m Baumwolljersey, 1,40 m breit und 0,40 m schwarzer Rippenstrickstoff im Schlauch, 0,80 m weit.

Zuschneiden: Den Baumwolljersey für die vordere und rückwärtige Pullimitte längs im Bruch zusammenlegen und den Stoff noch einmal für die Schulter quer in den Bruch legen, so daß nun vier Stofflagen übereinanderliegen. (Bei Streifenstoff überall Stecknadeln stecken, damit die Streifen übereinanderliegen. Anfängerinnen machen den ersten Versuch besser mit einfarbigem Stoff.) Nun die Schnittlinien wie auf dem Schema angegeben (Zahlen in Zentimeter) direkt auf den Stoff übertragen. Beim Zuschneiden darauf achten, daß Sie das vordere Halsloch etwas tiefer ausschneiden. Ärmelbündchen, Taillenbündchen und Halsblende aus Rippenstrickstoff zuschneiden: für das Taillenbündchen 16 cm vom Schlauch abschneiden, für die Halsblende 6 cm; aus dem Rest zwei Ärmelbündchen von je 14 cm x 20 cm zuschneiden.

Nähen: Die Seitennähte mit leichtem Zickzackstich schließen. Ärmelabschlüsse und Taillenkante auf Bündchenweite einkräuseln. Nur wenn Ihnen der Schlauch aus Rippenstrickstoff für die Taille zu weit erscheint, den Schlauch einschneiden und enger nähen. Den Stoff für das Taillenbündchen in den Bruch zusammenlegen, die Schnittkanten aufeinanderheften und mit Zickzackstichen versäubern. Das Bündchen an die Taillenansatzkante steppen. Dafür einen elastischen Nähfaden verwenden, den Sie mit der Hand locker auf die Maschinenspule wickeln (Technik Seite 85). So bleibt die Naht elastisch. Die Streifen für die Ärmelbündchen zusammensteppen und genau wie das Taillenbündchen mit elastischem Nähfaden annähen.

Die Schnittkante am Halsausschnitt nahtbreit nach innen umbügeln. Strickstreifen für den Halsausschnitt in den Bruch legen und in Ausschnittform rundbügeln. Die Weite mit der des Ausschnitts abstimmen und den Streifen zum Ring schließen. Schnittkanten mit Zickzackstichen versäubern. Die Halsblende unter die Ausschnittkante stecken (fertige Breite 2 cm) und knappkantig feststeppen.

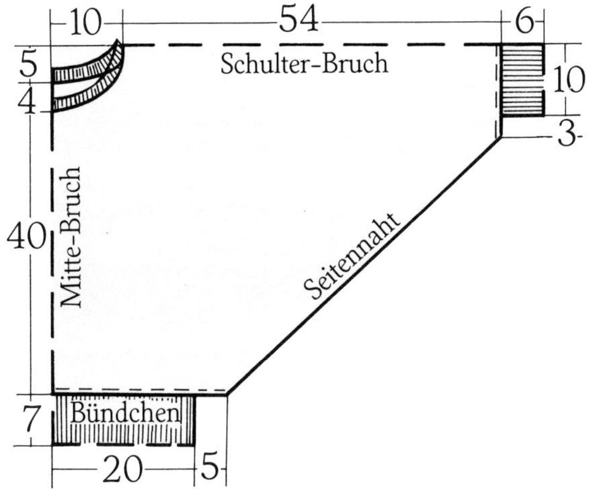

Schnittschema für Top

Brigitte-Themen als Brigitte-Bücher

Lexikon Die Frau
Körper – Seele – Gesundheit
Von Renate Scholz und Margaret Minker
352 Seiten, 260 Begriffe, 225 farbige Illustrationen

Naturheilweisen
vorbeugen – helfen – heilen
Von Renate Scholz und Margaret Minker
350 Seiten, 40 Zeichnungen

Gymnastik
Von Ilse Döring
168 Seiten, 200 Zeichnungen

Brigitte Diät
Von Helga Köster
200 Seiten, 50 Farbfotos

Brigitte Diät/2
Von Helga Köster
256 Seiten, 200 Farbfotos

Kochen & Einfrieren
Von Burgunde Rudolph und Christa Lösch
160 Seiten, 40 Farbfotos

Fleischlos glücklich
Von Elisabeth Lange
160 Seiten, 29 Farbfotos

Kochen für die Klicke
144 Seiten, 16 farbige Fotoseiten

Kochen mit Kräutern
Von Barbara Rias-Bucher
160 Seiten, 32 Farbzeichnungen, 20 Farbfotos

Kleine Kuchen
Von Barbara Rias-Bucher
160 Seiten, 41 Farbfotos

Grünpflanzen
Von Erika Markmann
176 Seiten, 75 Farb- und 67 s/w-Zeichnungen

Balkonbuch
Von Erika Markmann
176 Seiten, über 90 Farbfotos und Zeichnungen

Gartenbuch
Von Erika Markmann
160 Seiten, 29 Farbfotos, 60 s/w-Zeichnungen

Das mache ich selbst
Reparaturen zu Hause – leichtgemacht
Von Walter Diem
160 Seiten mit 100 Zeichnungen

Handarbeiten fürs Baby
Von Kathrin Behrens und Ariane Heyduck
160 Seiten, 51 Farbfotos, 99 Zeichnungen, Beilagebogen

Kindersachen Nr. 2 – selbstgemacht
Von Gundi Heine und Jutta Barthel
160 Seiten, 45 Farbfotos, 108 Zeichnungen

Puppenmode
Von J. Barthel und G. Heine
160 Seiten, 40 Farbfotos

Kinderfeste
von G. Könemund
128 Seiten, durchgehend vierfarbig illustriert

Stricken
Grundkurs
Von Kathrin Behrens und Ariane Heyduck
160 Seiten, 64 Farbfotos, 90 Zeichnungen

Stricken No. 2
Aufbaukurs
Von Kathrin Behrens und Ariane Heyduck
176 Seiten, 77 Farbfotos, 90 Zeichnungen, Beilagebogen

Stricken No. 3
Plastische Muster
Von Kathrin Behrens und Ariane Heyduck
160 Seiten, 57 Farbfotos, 96 Zeichnungen

Stricken No. 4
Mehrfarbige Muster
Von K. Behrens und A. Heyduck
160 Seiten, 62 Farbfotos, 104 Zeichnungen

Neues Nähen
Von Käthe Fischer und Antje v. d. Heyde
144 Seiten, 30 Farbfotos, 300 Zeichnungen, Schnittauflagepläne, Schnittbogen

Schönheit
Von Helga Haseltine
226 Seiten, 150 Farbfotos

Das große, bunte Weihnachtsbuch
Von Ilse Döring
204 Seiten, 130 Farbfotos

wer hat schon flügel
Gedichte von Anne Steinwart
96 Seiten, 10 Fotos

Nicht aufzuhalten
Neue Gedichte von Anne Steinwart
80 Seiten

Den Arm voller Blumen für euch
Gedichte, 96 Seiten

Weil es nichts Schöneres gibt
Liebesgedichte
96 Seiten, 20 Zeichnungen

Wir treffen uns morgen
Die schönsten Erzählungen aus Brigitte
Paperback, 288 Seiten

Empfängnisverhütung
Von Angelika Blume
Paperback, 288 Seiten, 20 Zeichnungen

Die Regel
Von Angelika Blume und Sylvia Schneider
Paperback, 256 Seiten, 8 Zeichnungen

Wechseljahre
Von Sylvia Schneider
Paperback, 288 Seiten

Droge Glücksspiel
Von Ulla Fröhling
Paperback, 288 Seiten

Als Kind mißbraucht
Von Angelika Gardiner-Sirtl
Paperback, 224 Seiten

Wege aus der Depression
Von Maggie Scarf
Paperback, 304 Seiten

Mädchen
Von Gerda Bödefeld
Paperback, 264 Seiten

Gleichberechtigt?
Von Angelika Gardiner-Sirtl
Paperback, 256 Seiten

Beruf: Sekretärin
Von Monika Held
Paperback, 248 Seiten

Strategien für Frauen im Beruf
Von Janice LaRouche und Regina Ryan
Paperback, 325 Seiten

Wenn Sie mich so fragen
Rosemarie von Zitzewitz gibt Antworten auf Benimmfragen
Paperback, 192 Seiten

29,80